てくれる、真の指導者であることを明らかにすることである。
難を避けるのではなく、それと取り組み、それを自らの手で克服していくための心構えを教え

今は私もレギュラーメンバーの一人であるが、本書に収められた霊言は私がまだメンバーでなかった頃のものである。が、私もその後十分に霊言に親しみ、その真髄《しんずい》が、さまざまな進化の階梯《かいてい》にあるすべての人間が理解し応用することのできる単純素朴な訓《おし》えを通して最大限の貢献をすることにある、ということを十分に得心している。古代の哲学者と近代の哲学者との差はたいして大きくはない。古代の哲学者の方が単純素朴であり、インスピレーションの源を意識していた者が多かったということくらいなものである。が、これから紹介する人物は真理の不滅性と不変性、そしてそれが誰にでも理解できる形で表現できるものであること、そして又その表現法の違いを除いては決して改める必要がないという事実の生き証人である。つまりシルバーバーチはその訓えを通じて死後の意識的生活の存続を証明し、霊的教訓は決して失われることはないこと、この世とあの世の区別なく人間的体験のエッセンスであること、そして人間の霊性に秘められた可能性が無限であることを教え示すのである。

良き時代を体験し〝悪しき〟時代にはこの古代霊の叡智《えいち》の導きを受けた人間の一人として、私はその叡智の抜粋《ばっすい》を紹介できることを心からうれしく思う。私はたいていの思想に親しみ、

新旧の宗教のほとんどすべてに通暁《つうぎょう》しているつもりであるが、素朴さと真実味と実用性の点においてこの霊訓に匹敵《ひってき》するものにでくわしたことがない。またその説得力のすばらしさは他の追随を許さないものをもっている。それはインスピレーションの源に少なくとも一段階、他《ほか》よりも近いからにほかならない。

本書の目的は地上の暗闇に光をもたらし、人間に背負わされた重荷を軽減し、生命の大機構を説き明かし、魂の死後存続を証明し、地上世界を美しく且つ祝福された生活の場として再構築することである。それは今まさに読まれんとするこの霊的知識を応用することによってのみ実現されることであろう。

一九四四年　　　　編者

訳者注――全十一冊の中で本書だけが〝編者〟The Editor としてあって氏名が記されていない。表紙をH・S・（ハンネン・スワッハー）ホームサークル編としたのは、それが版権の所有者だからである。このシリーズに関するかぎり誰が編纂したかはどうでもよい問題であろう。要はシルバーバーチの霊言そのものである。私もその点に鑑《かんが》みて一つの章を内容上から二つに分けたり、前巻でカットしたものを加えたりして日本人向けに理解の便を図ってある。表題も内容に相応《ふさわ》しいものに改めてある。老若男女がいつどこで読んでもすっと理解できるように、というのが私の本シリーズの翻訳に当っての基本方針であり、それがシルバーバーチ霊団の基本的態度でもあるからである。

以上、英語の勉強もかねて原書で読みたいとおっしゃる方が増えているのでお断わりさせていただいた。なお全巻の書名と出版社名は『古代霊は語る』の巻末に紹介してある。(※印は絶版)丸善、紀伊国屋等の洋書部から取り寄せられる。疑問の点、お迷いの点があれば、遠慮なく訳者に問い合わせていただきたい。できるだけの便宜を図ってあげたいと思っている。

新装版発行にあたって

多くの読者に支持され、版を重ねてきた、このシリーズが、この度、装いを新たにして出されることになりました。天界のシルバーバーチ霊もさぞかし喜ばしく思っていてくれていることでしょう。

平成十六年一月

近藤　千雄

Wisdom of Silver Birch
Psychic Press Ltd.
London, England

シルバー・バーチの霊訓(3)／目次

一章　戦時下の交霊会から

他の数多くの霊団と同じようにシルバーバーチ霊団も第二次大戦中は平和時にくらべて地上との交信にさまざまな困難を味わっている。メンバーの一人がスペインやエチオピア、中国などでの紛争の時にはとくに目立った問題は起きなかったように記憶するが、なぜ今回の大戦中はそんなに交信が妨げられるのかと質《ただ》したのに対し、シルバーバーチはこう語った。（本書の出版は一九四四年であるから、収められた霊言の大半が世界的規模の戦乱の真っ最中であった――訳者）

「人間が次から次へと死に、しかも地上の愛する者との連絡が取れない状態では、全体の雰囲気が不満に満ちた感情で埋めつくされ、それが霊界との交信の障害となります。私たちは今こうして地上に来ております。その地上の人間が次々と死んでは地上との縁を求めようとすることが障害となるのです。つまり問題は私たちがこうして地上にいる間のことです。他界した数知れぬ人間が地上との縁を求めます。が、それを受け入れる用意が地上にはありません。そのことが、戦争そのものが生み出す残虐《ざんぎゃく》な感情とは別に、大気に不協和音を作り出します。交信がうまく行くのは雰囲気が平静さと調和、受容的な心に満ちている時です。

残念ながらそういう人は稀《ま》れです、そこで私たちはこうしたサークル――霊的実在に目覚め、障害となる思念や欲望や感情によって雰囲気を乱すことのない人々の集まりから発生する霊的なエネルギーを頼りとすることになります。私がいつも皆さんに自信を持ちなさい、心配はいけません、不安を抱いてはいけませんと言い、毅然《きぜん》とした平静さと不屈の精神で困難に対処するように説き、そうした雰囲気の中にあってはじめてお互いが援助し合う条件が整うことを知ってほしいとお願いするのはそのためです。

私たちは物的な存在ではありません。物的世界との接触を求めているところの霊的な存在です。霊の世界と物の世界には懸隔《ギャップ》があり、それを何らかの媒介によって橋渡しする必要があります。私たちが厄介《やっかい》な問題に遭遇するのはいつもその橋渡しの作業においてです。それを容易にするのも難しくするのも人間側の精神的状態です。雰囲気が悪いと、私と霊媒とのつながりが弱くなり、私と霊界との連絡も次第に困難となります。わずか二、三本の連絡線によってどうにか交信を保つということもあります。そのうち霊媒が反応を見せなくなります。そうなると私は手の施しようがなくなり、すべてを断念して引き上げざるを得なくなります。私があなた方の忍耐を有難く思い、変わらぬ忠誠心を維持してくださっていることに感謝するのは、そういう理由からです。

私は当初から、つまり大戦勃発《ぼっぱつ》後間もなく交霊会を再会した時からすでに、こうした問題の生じることは覚悟しておりました。一時は果たしてこのまま地上の接触を維持することが賢明か否かを（霊団内で）議論したこともありました。しかし私は、たとえわずかとはいえ私が携えてきた知識を伝えることにより、力と希望と勇気を必要としている人々にとって私の素朴な霊訓が生きる拠《よ》りどころとなるはずだと決断しました。今私は、もし私たちの霊訓がなかったら今なお困難と絶望の中で喘《あえ》いでいるかも知れない人々に慰めと力になってあげることが出来たことを知って、うれしく思っております。しかしそれは決してそうやすやすとできたことではありません。私たちはこれまでの成果を私たちの功績として誇る気持は毛頭ありませんが、これまで私たちを悩ませてきた数多くの困難がいかなるものであったかを皆さんにぜひ認識していただきたいと思って申し上げるのです。

　インスピレーションの全部が伝わることなどおよそ期待できないように思えたことも幾度かありました。そういう時に際して大切なことは、いつの日か、より鮮明な視野が開けるとともにより大きな理解力が芽生えることを信じて、忍耐強く待つことです。我慢することです。私たちがお教えしたことをひたすらに実践なさることです。私たちにとって、とても辛い時期でした。しかし私は力のかぎりを尽くしてきました。活用できるかぎりの手段を駆使して、少しでも役立つように、少しでも力になってあげられるようにと努力してまいりました。皆さんは地上にいるかぎりこうした皆さんとの協力関係がどこまで成功したかはお判《わか》りにならないことでしょう。魂の底からの感動を覚えた人の数、皆さんの協力によって成し遂げた成果がどの程度のものであるかは、お判《わか》りにならないでしょう。が、せめて私の次の言葉だけは信じてください。世界の多くの土地において無知の闇が取り除かれ、大勢の人々の心に新しい確信が宿されたということです」

次に戦争の犠牲者となった人々の霊界での受け入れ態勢について聞かれて――

「霊界は実にうまく組織された世界です。各自が持って生まれた才能――地上ではそれが未開発のままで終ることが多いのですが――それが自然な発達の過程を経て成熟し、それぞれに最も相応しい仕事に自然に携わることになります。（受け入れ態勢のことですが）まず戦争の恐怖が地上を揺さぶっていない平和時においては、不可抗力の死の関門を通ってひっきりなしに霊界入りする者を迎える仕事に携わる男女の霊が大勢おります。迎え方はその人間の種類によってさまざまです。死後のことについて知っている人の場合、知らない人の場合、知っているといっても程度の差があり、間違っている場合もあります。そうした事情に応じてそれなりの扱い方を心得た者が応対します。そして初め新しい環境に戸惑っていたのが次第に馴染んでくるまでその仕事に携わります。

実は神の叡智の一つとして各自は地上にいる時から死後の環境に少しずつ慣れるように配慮されております。毎夜眠りに落ちて肉体が休息し、まわりの生活環境が静寂を取り戻すと、その肉体から霊体が脱け出て本来味わうべきよろこびの体験をします。しかしその体験は（肉体に戻った時は）大半の人間が忘れております。一段と高いすばらしい世界で、愛する人、愛してくれている人とともに過したことがまったく脳の意識に感応しません。しかし死という大きな変化を経て新らしい世界へ来ると、親和力の働きによって、そういう形で地上時代から馴染んでいた環境へ赴《おもむ》き、霊的本性に印象づけられていた体験を思い出しはじめます。最初はゆっくりと甦ってきます。そうなるまでの期間は永い人もいれば短い人もいます。一人ひとり違います。それは霊的意識の発達程度によって異なります。言いかえれば、霊的実在についての認識の程度によって異なります。

正しい認識をもち、すでに地上時代から死後の世界を当然のことと考えていた人は死後、あたかも手袋に手を入れるように、すんなりと新しい環境に馴染んでいきます。死後に何が待ちかまえているかを知らずに来た者、あるいは間違った固定観念に固執していた者――大勢の案内者を差し向けなければならないのはこの類の人たちです。各自の必要性に応じて適当な指導霊が付けられます。まったく知らない人であることもありますが、実は永いあいだ地上生活の面倒を見てきた背後霊の一人であることがよくあります。また血縁関係の絆《きずな》で引き寄せられる霊もいます。霊的な親和性に刺戟されてやって来る場合もあります。

さて、以上はすべて平和時の話です。これが戦時下になると、いろいろと問題が厄介となります。なにしろ何の準備もできていない、何の用意もしていない人間が大挙して霊界へ送り込まれてくるのですから。みんな自分が死んだことすら知りません。気の毒ですが、その大半はしばらく好きにさせておきます。意識が霊界よりもはるかに地上に近いからです。手出しができないと観念して側《はた》でじっと見つめているのは、私たちにとっても悲しいものです。実に心苦しいものです。しかし、事情が事情だけに、彼らの方に受け入れ態勢が整うまでは、いかなる援助もムダに終ってしまうのです。言わば完全に目隠しをされているのと同じで、われわれの存在が見えないのです。死んだことにも気づかずに死んだ時と同じ行為を続けております。地上戦で死んだ者は地上戦を、海上戦で死んだ者は海上戦を、空中戦で死んだ者は空中戦を戦い続けます。そしてそのうち――期間は各自まちまちですが――様子が少し変だということに気づき始めます。

全体としては以前と変わらないのに、気をつけて見るとどうも辻褄が合わない。奇妙な、あるいは無気味なことが繰り返されていることに気づきます。殺したはずの相手が死んでない。

銃を撃ったはずなのに弾丸が飛んで行かない。敵の身体に体当りしても相手は少しも動かない。触《さわ》っても気がつかない。大声で話しかけても知らん顔をしている。そしてその光景全体に霧《きり》のような、靄《もや》のような、水蒸気のようなものが立ち込めていて、薄ぼんやりとしている。自分の方がおかしいのか相手の方がおかしいのか、それも分らない。時には自分が幻影に迷わされているのだと思い、時には相手の方が幻影の犠牲者だと考えたりします。が、そのうち——霊的意識の発達程度によってそれが何分であったり何時間であったり何日であったり何か月であったり何年であったり何世紀であったりしますが——いつかは自覚が芽生えます。その時やっと援助の手が差しのべられるのです。

一人ひとりその接触の仕方、看護の仕方が異なります。自分が死んだことがどうしても信じられない者にもいろんな方法が講じられます。地上と隣接する界層へ連れていき、そこで地縛霊を扱っている霊団にあずけることもあります。本人の知っている人間ですでに他界していることもよく知っている人のところへ連れて行くこともあります。疑う余地がないわけです。このように同じ目的を達成するにも、さまざまな方法を講じるのです。

さらには一時的にエーテル体つまり霊的身体を傷《いた》められたために看護してやらねばならない人がいます。いわゆる爆弾ショックのようなものを受けた者です。意識が朦朧《もうろう》としており、手当てが必要です。こちらにはそういう患者のための施設が用意してあり、そこで適切な手当をして意識を取り戻させ、受けた打撃を取り除いてやります。あくまで一時的な傷害です。そのことをぜひ強調しておきたいと思います。地上での死因がいかなるものであれ、それが霊体に永久的な傷害を与えることがあるように誤解されては困るからです。そういうことは絶対にありません。そうした傷害はショックの後遺症にすぎません。正しく矯正すれば跡形もなく消えてしまいます。完全に回復します。

もう一つ強調しておきたいことは、みずから望まないかぎり、何の看護もされないまま放っておかれる人は一人もいないということです。迎えに来てくれる人が一人もいないのではないかなどという心配はご無用です。縁故のある人がいますし、それとは別に愛の衝動から援助の手を差しのべようと待機している人も大勢います。誰一人見捨てられることはありません。誰一人見失われることはありません。誰一人忘れ去られることもありません。すばらしい法則がすべての人間を管理し、どこにいてもその存在は認知されており、然るべき処置が施《ほどこ》されます。地理上の問題は何の障害にもなりません。こちらには距離の問題がないのです。霊界全体が一つの意識となって、全てを知り尽くしております。地上と霊界との間の親和力の作用によって、今どこそこで誰が死の玄関を通り抜けたかが察知され、直《ただ》ちに迎えの者が差し向けられます」

——爆撃で死亡した子供はどうなるのでしょうか。

「子供の場合は大人にくらべて回復と本復までの期間がずっと長くかかります。が、いったん環境に適応すると、こんどは大人より進歩がずっと速いのです。回復期は魂にとって夜明け前の薄明かりのような状態ですが、けっして苦痛は伴いません。そういう印象をもっていただいては困ります。一種の調整期間なのですから……つまり魂が新しい身体で自我を表現していくための調整です。それには地上時代の体験が大きく影響するのですが、子供の体験は限られています。そこで本復までの期間が長びくわけです。そして、念のために申し添えておきますが、たとえば母親が地上に生き残り子供だけが他界した場合でも、地上時代に子供がいなくて母性本能が満たされずに終った女性がその看護に当ります。こちらへ来てその母性本能を十分に発揮するチャンスが与えられるわけです」

——地上では子供の方が新しい環境への適応が速いですが……

「それは純粋に物的要素に関しての話です。今お話しているのは霊に関わることです。霊が霊的世界へ適応していく場合のことです。霊的世界は多くの点で物的世界とは大きく異なっており、同時によく似た面もあります。問題は〝自覚〟です。それがすべてであることを理解しなくてはいけません。自覚がすべてのカギです。私がいつも知識こそ霊にとって掛けがえのない宝であると申し上げていることはよくご存知と思いますが、その知識が自覚を生むのです。こちらは精神の世界です。小さな精神（幼児）もそれなりの適応をしなくてはなりません。もう一つの要素として償《つぐな》いの問題がありますが、子供の場合は償いというほどのものはありません。子供は地上的体験に欠けていますが、同時に地上的な穢《けが》れもないからです」

――美徳による向上も得られませんね。

「そこに子供としての埋め合わせの原理が働いているわけです。つまり、良いにつけ悪いにつけ地上的体験がない。しかし、もし長生きしていたら犯していたであろう罪に対する償いをさせられることもないということです」

――その埋め合わせもすぐに行われるのでしょうか。

「それは一概には言えません。子供一人一人で事情が異なります。私はいま償いの法則があることを指摘しているだけです」

――もしも子供に地上的な悪の要素が潜在している場合、それはそちらへ行ってから芽を出すのでしょうか。

「そのご質問の仕方は感心しません。子供に地上的な悪の要素が潜在するというのは事実に反します。何か例をあげてみてください」

――たとえば大人になったら欲深い人間になったであろうと思われる人間が早世した場合、そちらへ行っても同じように欲深な人間になっていくのでしょうか。

「問題を正しい視野で捉えないといけません。こちらの世界で自覚が芽生えると、その時からその人は向上の道を歩むことになります。自覚が芽生えるまでは地上で満たされなかった欲望の幻影の中で暮らしています。いったん自覚すると、その〝自覚した〟という事実そのものが、それまでの自我の未熟な側面を満足させたいという欲求に訣別したことを意味します。

〝正しい視野で捉えなさい〟と言ったのはそういう意味です。欲が深いということは、まだ自覚が芽生えていないということを意味し、自覚するまでは、その欲望が満たされると満足するわけです」

――でも、幼い子供はまだまだ未熟です。

「私が言わんとしているのは、幼い子供は魂を鍛えるための地上的体験が不足しているために未熟な状態でこちらへ来ますが、同時に彼らには大人になって出たであろう穢《けが》れで魂が汚《よご》されていない。そうした事情の中で子供なりの埋め合わせの原理が働くということです。子供は性格に染み込んだ穢れを落とす手間が省けるということを言っているのです」

――善を知るために地上で悪の体験をしに来るのではないでしょうか。

「違います。善を知る目的で悪いことをしに来るのではありません」

――でも、私たちは聖人君子の状態で生まれてくるわけではないでしょう？

「それはそうです。しかし恨みを晴らすために、あるいは思い切り貪欲をむさぼることを目的に生まれてくるのと、善悪を知らない言わば〝原料〟の状態で生まれてきて一個の製品となっていくのとは意味が違います」

――その違いを〝悪行を犯す、犯さない〟で説明できないでしょうか。

「できないことはありません。ただ私はあなたの表現の仕方に賛成できないのです。私は人間の魂の発達の目標をあなたのおっしゃる〝聖人君子〟となることだとは思いませんし、又、罪悪の恐ろしさを知るために地上へやってきて人類みんなで悪いことをし合うことだとは考えません。その考えは絶対に間違っています。たしかに中にはある種の悪だくみを抱いて地上へやってくる者もいないではありません。しかし、その数はきわめて限られています。真の悪人といえる人間は、幸にしてきわめて少数です。罪悪の大半は——それを罪悪と呼ぶならばの話ですが——無知、間違った育ち方、過った教育、迷信等から生まれているものです」

——地上で欲の深かった子供は霊界でもしばらくは欲深で、その意味で地上的体験をしたことにならないでしょうか。

「あなたがおっしゃるのは、もし子供が生まれつき欲が深い場合は、死後もその貪欲性が意識に刻み込まれたままか、ということでしょうか。もしそうでしたら、それは有りうることです。ですが、寿命が短かければその貪欲性の発現するチャンスも少ないわけですから、それだけ矯正が容易ということになります。地上でほとんど発現しなかった貪欲性と、五十年も七十年も生きて完全にその人の本性の一部となってしまった貪欲性とでは大へんな差があります」

ここで少し話題が変わって、空襲でいっしょに死亡した家族は霊界でもいっしょかという質問が出た。すると——

「それは一概には言えません。これは答え方に慎重を要する問題です。落胆される方がいては困るからです。一つには再びいっしょになることを望むか望まないかに掛かっています。死後の世界での結びつきは結ばれたいという願望が大切な絆《きずな》となるということ、そして地上では死後あっさりと消滅してしまう絆によって結ばれている家族がいるということを理解ください。もし家族の間に何か共通したものがあれば――たとえば自然な愛とか情とか友愛といったものがあれば、それによってつながっている絆は切れません。夫婦関係と同じです。地上には結婚というしきたりだけで夫婦である場合がたくさんあります。霊的には結ばれていないということです。結びつけるものが何もないということです。こうした夫婦の場合は死が決定的な断絶を提供することになります。が反対に霊的次元において結ばれている場合は、死がより一層その絆を強くします。事情によっていろいろと異る問題です」

――死んだことに気づかない場合はどうなりますか。

「死んだことに気づかない場合はそれまでと同じ状態が続きます。が、こうしたご質問に対しては一概にイエスともノーとも言えないことがたくさんあります。ほかにもいろいろと事情があるからです」（訳者注――ここではこれ以上のことは述べていないが、他の箇所ではその

〝事情〟として、その時点での各自の霊格の差、その後の霊的向上の速さの違い、償《つぐな》わねばならない地上生活の中身――それが原因ですぐさま再生を必要とする場合もありうる――等々があると述べている。これは他の霊界通信の多くが異口同音に説いていることで、シルバーバーチがさきの答えの中で〝落胆される方がいては困るから〟慎重を要する問題だと言ったのは、総体的に言えば家族的な絆はそう永続きするものではないのに、現段階の人類はあまりに情緒的な絆が強すぎて、むしろそれが向上の妨げにさえなっている事情を踏まえてのことであることを理解すべきである。この問題は断片的にではあるが今後もよく出てくる。）

――戦死の場合でも、誰がいつ死ぬということは霊界では前もって分っているのでしょうか。

「そういうことを察知する霊がいます。が、どれくらい先のことが察知できるかはその時の事情によって異なります。愛の絆によって結ばれている間柄ですと、いよいよ肉体との分離が始まるとかならず察知します。そして、その分離がスムーズに行われるのを手助けするためにその場に赴きます。霊界のすべての霊に知られるわけではありません。いずれにせよ、死んだ時――地上からみた言い方ですが――ひとりぼっちの人は一人もいません。かならず、例外なく、まわりに幾人かの縁ある霊がいて、暗い谷間を通ってくる者を温かく迎え、新しい、そして素晴らしい第二の人生を始めるための指導に当ります」

二章　悲しい時、苦しい時こそ

同じく第二次大戦のさなかでの交霊会においてシルバーバーチはこう語った。

「何もかもが危険にさらされているこうした時期こそ霊的真理を教えてあげる必要があります。信仰という信仰がことごとく片隅に追いやられ、すべてが混乱の渦中にある今こそ、こうした単純な霊的真理を説くことによって自分を役立てることができるのです。その真理だけは不変です。なぜならば不変の自然法則の働きを土台としているからです。あなた方は大規模な混乱と破滅を目《ま》のあたりにされています。他の国ではさらに大規模な、そして見るも無惨な光景が繰りかえされています。混乱と残酷、裏切りと暴虐が大手を振ってのし歩いております。まさに野獣のごとき暴力が我が物顔に振る舞っております。あたかも自由の灯が完全に消され、全てが闇と化したかの如く思われる国が数多《かずおお》く見られます。

こうした時こそ、われわれ霊的法則の働きを知った者が、霊的真理こそが人間にかつて想像もしなかった高い視野を与えてくれること、心の中に消そうに消せない炎《ほのお》を灯《とも》してくれること、最後は霊的光明が勝ち、自由を我が物とすることができることを説いて聞かせるべき時です。それは霊の本来の資産なのです。いかに粉砕しても絶対に存在を失わない究極的な存在である〝霊〟が所有していなければならないものです。霊性が怖《お》じけづき、縮こまることはありましょう、が、決して征服されてしまうことはありません。霊界にいる私どもがぜひともお教えしなければならない大きな真理は、地上にいるあなた方も霊的存在であるということです。物質で出来たものは破壊することができます。肉体は死なせることができます。いじめることもできます。しかし霊的なものは絶対に存在を失いません。なぜなら、霊的なものは永遠なるもの、宇宙の大霊、無限にして不滅の存在、すなわち神の所有物だからです。皆さんがスピリチュアリズムと呼んでいるものは自然法則の働きの一部ですが、これが人間にも霊が宿っていることを証明しました。その証拠は、視野を曇らされず理性に従い何の捉われもなく自由な思考をめぐらすことの出来る人には、人間が本来霊的存在であることが議論の余地のない事実であることを雄弁に物語っております。そしてその基本原則から次々と重大な意味が湧き出てきます。その一つ一つがそれを受け入れる用意のできた人々に、こうしてはいられない、何とかしなくては、というせっぱつまった衝動を覚えさせます。

いったん人間が霊であることを悟ると、この地上世界もその霊性を存分に発揮される環境であらねばならないとの認識が生まれます。すべての悪習、すべての罪悪、すべての悪徳、すべての既得権、すべての利己主義、貪欲、そして残虐性、こうしたものを一掃しなければならないということです。それらは全てせっかく自己開発のために地上に降りた霊――いずれは当り前の生活の場となる霊界でのより素晴らしい生活に備えるために生まれてきた霊の成長を妨げることになるからです。それが声を大《だい》にして叫びたい私たちからのメッセージです。すなわち霊媒を通じて与える死後存続という素朴な真理から始まって、そこから生活を一変させる数《かず》知れない重大な意味を発見していることです。そして、こうして人類がその宿命の成就のために闘っている時、言いかえれば霊的教説がその真価を問われている時、その背後では、かつて地上で革命家、殉教者、指導者と呼ばれ、今なお新たな力を携えて霊界で研さんを重ねている見えざる大軍が、その持てる力を総結集して援護に当たっている事実を知らねばなりません」

——昨今の混乱ぶりは目に余るものがありましょう。（大戦の焦点が日米決戦の様相を呈して来たころのこと——訳者）

「それは（比較的戦乱の少ない）英国の国民でさえ受けている精神的ストレス——多分自分では実感していなくても大きなストレスを受けている、英国に限りません。地上の大気そのものが嘆きと悲しみと苦痛の絶叫に満ち、それに付随してさまざまな不協和音を生んでおります。その上忘れてならないのは、何千何万という人間が何の備えもなく霊界へ送り込まれてきている霊界の現実です。その一人一人が本人は気づかなくても、私たち霊団の仕事に困難を加えていきます。声には出さずとも、一人一人が休みなく何らかの要求をしているからです。大変な数の人間が無知のまま、あるいは誤った信仰をもったままやってまいります。無知と偏見、これは私たちが闘わねばならない双子の敵です。地上の皆さんはひたすらに真理を広め、知識を広め、叡智を広め、光明を広め、一人でも多くの人の心に感動を与えることです。往々にしてその努力の結果はあなた方自身には分らないでしょう。が、それはどうでもよろしい。かまわず進んでください。世間の批難、中傷にはかまわず、ひたすらにご自分の心の中の光に忠実に従うことです。それ以上のことは要求しません。敵対するものがいかに大きかろうと、最後はかならず勝利を収めます。自由――精神と霊と身体の自由はかならず勝ちます。

個人について言えることは国家についても言えます。個人にもそれぞれに成就すべき神聖な宿命があるように、国家にもそれぞれの宿命があります。これまで何度も申し上げてきましたように、あなた方の国（英国）は世界をリードする宿命――暗闇に光明をもたらすために霊的真理の松明《たいまつ》をかかげて世界の先頭を歩むべき宿命を背負っております。今その偉大なる仕事が徐々に成就されつつあるのがお判《わか》りでしょう」

大戦が長引き、ますます激烈となり、もはや前途に光明が見出せないかに思えた時期に、シルバーバーチはこう語った。

「真の信仰を身につける好機はすべてのことが順調に行っている時ではありません。そんな時に信仰を口にするのは誰にでもできることです。暗黒の時に身につけたものこそ本当の信念と言えます。太陽がさんさんと輝き、何の苦労もなく、前途に何の心配もない生活を送っている時に私は神を信じますと言うのは容易なことです。しかし、そんな呑気な生活の中での信仰の告白には何の価値もありません。

困難の中にあって怖《お》じけず、いかなる緊張の中にあっても動ぜずに次のように宣言できる人の信念にこそ本当の価値があります――風が吹こうが嵐が狂おうが、世界がいかに混乱し全てが暗黒に包まれ絶望的になろうと、宇宙の全生命を創造し神性を賦与《ふよ》した力は決して自分をお見捨てにならないと信じる。知識と経験による不動の基盤の上に築いた完璧な信念に安住して、私は絶対に動じない、と。

宇宙の大霊すなわち神の力はあなた方人間を通して流れるのです。もし人間が確固たる不動の冷静さを保ち得ずに怖じけづいてしまえば、その力は発揮されません。あなた方一人ひとりが神なのです。神はあなた方から切り離された何か別の存在ではないのです。宇宙の大霊というのは何か形のない、遠い宇宙の果てにふわふわと浮いている靄《ちゃ》のような存在ではありません。人間の内奥に宿された霊的な資質を発揮すればするほど、それだけ宇宙の大霊をこの世に顕現《けんげん》させていることになります。これはぜひ学んでいただきたい教訓です。霊が進化するということはそのことを言うのです。そうやって個性が築かれていくのです。成長するというのはそういうことなのです。

まだまだ地上の人類は、悲しみ、苦しみ、艱難、辛苦が存在することの理由を理解しておりません。その一つひとつが霊的進化の上で大切な機能を果たしているのです。ご自分の人生を振り返ってごらんなさい。最大の危機、最大の困難、お先まっ暗の時期が、より大きな悟りを開く踏み台になっていることを知るはずです。日向《ひなた》でのんびりと寛《くつろ》ぎ、何の心配も何の気苦労も何の不安もなく、面倒なことが持ち上がりそうになっても自動的に解消されてあなたに何の影響も及ぼさず、足もとに石ころ一つなく、自分でやらねばならないことが何一つ無いような人生を送っていては、向上進化は少しも得られません。困難に遭遇し、それに正面から立ち向かって自らの力で克服していく中でこそ成長が得られるのです。知識を広める必要があるのは無知という名の暗闇が生み出す無意味な残虐行為、無駄な苦労を一掃するためです。自然の摂理に反することをしでかしておいて、それが生み出す結果への対処に無駄なエネルギーを費すという愚かさを無くすために霊的真理の普及が必要なのです。
同じ苦しみにも無くもがなの苦しみがあります。困難にも無くもがなの困難があります。が、それも霊的な成長と進化、光明へ向けての歩みにとっての糧《かて》とすることができます。失敗も災難もみな薬です。何かを教えてくれます。結局人間は宇宙という大きな学校の生徒というわけです。これでよいという段階はけっして来ません。成長すればするほど、まだまだ開発し磨いていかねばならないものがあることに気づくものだからです」

　そうした人生において大切な心掛けとして、シルバーバーチはこれまで繰りかえし注意してきたことを再び説いた。

「絶対に許してならないことは不安の念を心に居座《いす》わらせることです。取越苦労は魂を朽ちさせ、弱らせ、蝕《むしば》みます。判断力を鈍らせます。理性を曇らせます。事態を明確に見きわめることを妨げます。いかなる人間も自分で解決できないほどの問題はけっして与えられません。克服できないほど大きな障害は生じません――内在する神性が発揮されるような心掛けをしておればの話ですが……。地上の人間は、少数の例外を除いて、まだまだ本当の意味で生きているとは言えません。内在する霊的属性のごくごく一部しか発揮しておりません。よくよくの危機、よくよくの非常事態において、その霊力が呼び覚まされて勇気と知恵とを与えてくれますが、本来はいつでも引き出せるものです。病気を治し、迷いの時に指針を与え、悩みの時には指導を与え、疲れた時には力を与え、視野がさえぎられている時には洞察力を与えてくれます。それを可能にするのはあなた方の心掛け一つにかかっております」

あまりの戦火の激しさに、こんな情況ではささやかなサークルのメンバーが少しばかり真理を説いても無意味のように思われるとの一メンバーの考えを聞かされたシルバーバーチは、こう述べて力づけた。（訳者注――この頃はまだシルバーバーチの霊媒がサイキック・ニューズ社の社長兼主筆であるバーバネルであることは内密にされていたほどで、いきおい普及活動も範囲が限られていた。一九三〇年代初期はまだ霊言がサイキック・ニューズ紙上にも掲載されていなかった。嫌がるバーバネルを説き伏せてハンネン・スワッハーがそれを紙上に連載させ、一九四七年にはついに霊媒がバーバネルその人であることまで公表されるに及んで、ようやく普及活動に弾みがつき世界的に普及しはじめたのだった。）

「さまざまな出来ごとがありましたが、霊的真理の光は今なおこの小さな島（英国）に生き続けております。一度も消えたことはありません。こののちも、ますます広がり続けて、いずれは世界のすみずみにまで行きわたることでしょう。その恩恵を受けた数知れぬ人々から、あなた方は敬愛され祝福を受けることでしょう。その貢献を誇りに思わなくてはいけません。胸を張って生きられるがよろしい。まだまだこれから成就しなければならない大きな宿命があなた方を待ち受けております。

私たちには授けるべきメッセージがあります。今日ほどそれを必要とする時代はありません。今の地上こそ私たちの奮闘を必要とする土地です。慰めを必要とする人が大勢います。悲しみに打ちひしがれ知識と援助を叫び求める人々が大勢おります。私たちに代ってそういう人たちを救うことのできる説教者や指導者が一体どこにいるでしょうか。授けるものとして一体何があるでしょうか。遠い過去の愛用句でしょうか。使い古された教義でしょうか。信じる者のいなくなった教説でしょうか。それとも誤ったドグマでしょうか。本人みずからその信用性に自信のない者がそんな太古の物語を引き合いに出して、はたして現代人を慰めることができるのでしょうか。

英国中、いや世界中いたるところで、闇夜に救いを求める人がいます。その祈り――声に出しての祈りも声なき祈りも――ただならぬ窮地で指針を求める魂の叫びが私どものところまで響《ひび》いてまいります。そういう人たちこそわれわれが手を差しのべてあげなければなりません。道に迷っている人々です。その多くは自分が悪いのではありません。闇に囲まれ悲しみに打ちひしがれ、目に涙をうかべて〝死〟の意味を知りたがっています。なぜ愛する者がこうも呆気《あっけ》なく奪い去られるのかと尋ねます。が、教会はそれに対応する答えを持ち合わせません。悲しみの杯《さかずき》をなめ苦しみのパンをかじらされた者は、〝処女懐胎〟だの〝エデンの園〟だの〝使徒信条〟だのについての説教はどうでもよいのです。真実の知識が欲しいのです。事実が知りたいのです。確証が欲しいのです。

彼らは素直にこう考えます――もしもこの世に救いになるものがあるとすれば、それは今の自分、苦しみの渦中にある自分たちをこそ救えるものであるべきだ、と。そこで私たちはあらゆる不利な条件、あらゆる障害をいとわず、そうした絶望の底に喘ぐ人々を慰めようと必死になるのです。これまでも幾度か申し上げてきたことですが、皆さんはこうしたささやかなサークルが僅かの間ここに集まって私たちのために力を貸してくださるそのことが、どれほど大きな意味があるのか、そしてそのおかげでどれほど遠く広く真理を広めることができているかをご存知ないようです。私どもが述べる僅《わず》かな真理の言葉――僅かとはいえ永遠の実在を土台とした不易の叡智なのですが――それが受け入れる用意のできた人々の心、霊的に成熟した魂に根づいていく。これは実に偉大な仕事というべきです。その真理を語るわれわれが成るほど神の使徒であることを証明するには、ひたすらに人の役に立つことをするしかありません。つまり脅《おど》しや恐怖心や心配の念を吹き込まず、ただただ、薄幸の人々に救いの手を差しのべたいと望んでいる者であることを身をもって証明していくしかありません」(訳者注――古来宗教が信者に恐怖心を吹き込むことによって存続を謀ってきた歴史を踏まえて述べている)

ここでシルバーバーチは、そのころ英国内の何人かの霊媒に対し、それぞれの支配霊と議論したいという挑戦状を送りつけている人物の名前をあげて、このサークルにも同じものが送られてきているらしいが、そんな人間と会うつもりはない旨を述べ、その理由をこう述べた。

「その人物を恐れているのではありません。挑戦ならこれまでも地上からさんざん受けております。私に理解できないのは、この悲しみと苦しみの惨状のさなか、われわれの援助を大いに必要としている最中に、自分の信じてきたことしか信じようとしない人間との議論になぜ貴重な時間を費さねばならないのかということです。私をさらし者にしたいのでしたらいつでもなってあげましょう。私たちは(一八四八年のスピリチュアリズムの勃興以来)すでに百年近くも、私たちの仕事を阻止しようとする勢力の敵対行為に遭ってきました。教会と科学と唯物主義による挑戦です。彼らによってどれだけの霊媒がさらし者にされたことでしょう。そしてそのつど彼らは霊の仕業などというのはウソである――霊など存在しないことを〝完全に証明した〟と決めつけました。が、敵意と嘲笑と虚偽の陳述によって私たちの仕事が阻止されたことは一度もありません。霊界からの働きかけの成果がますます世界中に広がり、敵対する勢力は退却するか作戦の変更を余儀なくさせられています。

スピリチュアリズムを非難する教会も今やその真理がはじめて地上へ啓示された時にみずから説いていた教説を説いてはいません。科学もほぼ百年前に説いていた学説を今は説いていません。我がもの顔だった唯物主義者さえ譲歩し、視点を変え、思いも寄らなかった新たな要素を考慮せざるを得なくなっております。それに引きかえ、私たちがこれまで説いてきたものを髪の毛一本ほどでも改めたり逸脱したりしたことがあるでしょうか。どこか私の霊訓で以前と違うところを指摘できるでしょうか。地上の事情が変ったために修正しなければならなくなった箇所が一つでもあるでしょうか。物質界での新しい発見が為《な》されたために、それまで私どもが絶対ですと断言してきた基本的真理を改正せざるを得なくなったところがあるでしょうか。

あるわけがありません。自然法則を取り消したり変更したりしなければならなくなることは決してありません。生命活動に付随する環境条件のすべての可能性を認識しているからです。

〝生〟の現象にも、あなた方のいう〝死〟の現象にも、自然法則やその働きを改めなければならないものは絶対に生じません。私どもが説く真理に死はありません。正真正銘の真理だからです。霊的実在こそ真の実在です。だからこそ存在し続けるのです。永遠に残る叡智の宝石です。受け入れる用意のある者を導く永遠の真実です」

次に〝死を悼《いた》む〟という人類に共通した情が話題にのぼった。メンバーの一人が、永年シルバーバーチの訓えを聞いてきた者でも仲間のメンバーが死ぬと悲しみを禁じ得ないのはなぜだろうかと尋ねた。すると別のメンバーがそれは〝死んだ〟者に対する悲しみの情ではなく、後に残された自分を悲しむ一種の利己的な情から生じるのでしょうと述べると、シルバーバーチはこう答えた。

「いったい何を悲しむというのでしょう。死に際して悲しみを抱くということは、まだ進化が足りないことを意味します。本当は地上に留まること自体が苦痛であり、地上を去ることは苦痛から解放されることであり、暗黒の世界から出て光明の世界へ入ることであり、騒乱の巷《ちまた》から平和な境涯へと移ることを意味することを思えば、尚のことです。霊的知識を得た者がなぜその知識と矛盾する悲哀に心を傷めるのか、私は理解に苦しみます。

もう一歩話を進めてみましょう。霊的真理についての知識を初めて手に入れた時、それは目も眩《くら》まんばかりの啓示として映ります。それまでの真っ暗闇の混乱、わけの分らなかった世界がぱっと明るく照らし出される思いがします。が、その新しい理解がいかに大きいものであっても、やがて納まるべきところに納まり、その人の在庫品の一つとなっていきます。しかし知識は使うためにあるのです。その知識のおかげで視界が広がらなくてはいけません。理解力が増さなくてはいけません。洞察力、同情心、寛容心、善意がいっそう大きくならなくてはいけません。せっかく知識を手にしながら、それをある限られた特別の機会のために取っておくことは許されません。それは人生のあらゆる側面における考えを改めるために使用されるべきものです。皆さんがこれまでに学び、観察し、体験してきたことに幾ばくかでも真理があったとすれば——もし学んできたことが霊的な価値を有するものであれば、その価値はそれを実際に使用し実生活に適用することによって少しでも多くの霊的自我を発揮させることで生かされるのです。

身近かな人の死に直面した時、あの馴染みの顔、姿、あの言葉、あの笑顔がもう見られなくなったことを悲しむのではないと断言なさるのなら、あなたは絶対に悲しむべきではありません。この交霊会での知識は週に一度わずか一時間あまりの間だけの知識として取っておいていただいては困ります。皆さんの日々の生活の中で使用していただかないと困ります。その霊的な価値は工場において、仕事場において、事務所において、商いにおいて、専門職において、天職において、奉仕的仕事において、家庭内において、その絶対的基盤としなければなりません。あなた方の生活のすべての行為における光り輝く指標とならなければなりません。それが知識というものの存在価値なのです。と言うことは、スピリチュアリストを自認する方はスピリチュアリズムというものを――これも霊的真理の一側面に付した仮の名称にすぎませんが――身内の人を失って悲しむ人のためにだけ説いて、それ以外の時は忘れているということであってはならないということです。私どもが教えんとしていること、駆使しうるかぎりの力を駆使して示さんとしていることは、この宇宙が霊的法則によって支配された広大な世界であること、そしてその法則は、人間みずから見えることより見えないことを望み、聞こえることより聞こえないことを望み、物が言えることよりも言えないことを望み、常識より愚昧《ぐまい》を好み、知識より無知を好むことさえなければ、決して恩恵をもたらさずにはおかないということです。

知っているということと、それを応用することとは別問題です。知識は実生活に活用しなくてはなりません。死を悼むということは霊的知識が実際に適用されていないことを意味します。地上生活を地上生活だけの特殊なものとして区切って考える習癖を改めなくてはなりません。つまり一方に物質の世界だけに起きる特殊な出来ごとがあり、他方にそれとはまったく異質の、霊的な世界だけの出来ごとがあって、その二つの世界の間に水も漏らさぬ仕切りがあるかのように考えるその習性から卒業しなくてはいけません。あなた方は今そのままの状態ですでに立派に霊的な存在です。死んでから霊的になるのではありません。違うのは、より霊的になるという程度の差だけであって、本質的に少しも変わりません。あなた方にも霊の財産であるところの各種の才能とエネルギーが宿されているのです。今からあなたのものなのです。肉体に別れを告げたあとで配給をうけて、それを霊体で発揮しはじめるというのではありません。今日、いまこうしている時からすでにそれを宿しておられるのです。言わば居睡りをしながら時おり目を覚ます程度でしかありませんが、ちゃんと宿していることには違いありません。霊的知識を手にしたあなた方は人生のあらゆる問題をその知識の光に照らして考察し、そうした中で霊の所有物、才能のすべてを発揮できるようにならなければなりません。

悪いと知りつつ罪を犯す人は――〝罪を犯す〟という言い方は私は好きではありませんが（他のところで〝摂理に背く〟と言いたいと述べている。訳者）――知らずに犯す人よりはるかに悪質です。盗むことは悪いことですが、霊的知識を手にした人がもし盗みを働いたら、それは千倍も悪質な罪となります。恨みを抱くことは悪いことですが、霊的知識を知った人がもし誰れかに恨みを抱くようなことがあったら、それは千倍も悪質な罪となります。知識はすべてのことに厳しさを要求するようになります。私がいつも〝知識は責任を伴う〟と申し上げているのはそういう意味です。霊的なことを知っていながらそれが実生活における行為にまるで反映していない人が多すぎます。難しいことかも知れませんが、人間は一人の例外もなく今この時点において霊の世界に住んでいること、決して死んでから霊になるのではないということをしっかりと認識してください。死ぬということはバイブレーションの問題、つまり波長が変るということにすぎないことを認識してください。知覚の仕方が変るだけのことと言ってもよろしい。日常生活で固くてしっかりしていると思っているものとまったく同じ、いえ、もっともっと実感のあるものが、たとえあなた方の目に見えなくても、立派に存在しております」

最後に霊界から見た〝死〟の意味をこう語った。

「〝生〟を正しい視野で捉えていただきたい。その中で〝死〟が果たしている役割を理解していただきたいと思います。人間はあまりに永いあいだ死を生の終りと考えて、泣くこと、悲しむこと、悼《いた》むこと、嘆くことで迎えてきました。私どもはぜひとも無知――死を生の挫折、愛の終局、情愛で結ばれていた者との別れと見なす無知を取り除きたいのです。そして死とは第二の誕生であること、生の自然な過程の一つであること、人類の進化における不可欠の自然現象として神が用意したものであることを理解していただきたいのです。死ぬということは生命を失うことではなく別の生命を得ることなのです。肉体の束縛から解放されて、痛みも不自由も制約もない自由な身となって地上での善行の報いを受け、叶えられなかった望みが叶えられるより豊かな世界へ赴いた人のことを悲しむのは間違いです。

死の関門を通過した人はカゴから放たれた小鳥のようなものです。思いも寄らなかった自由を満喫して羽ばたいて行くのです。人間が死と呼ぶところの看守によって肉体という名の監獄から出させてもらい、（原則として）それまでの肉体に宿っているが故に耐え忍ばねばならなかった不平等も不正も苦しみも面倒もない、より大きな生へ向けて旅立ったのです。霊本来のかぎりない自由と崇高なよろこびを味わうことになるのです。

苦痛と老令と疲労と憂うつとから解放された人をなぜ悲しむのでしょう。暗闇から脱して光明へと向かった人をなぜ悲しむのでしょう。霊の本来の欲求である探求心を心ゆくまで満足できることになった人をなぜ悼むのでしょう。それは間違っております。その悲しみには利己心が潜んでいます。自分が失ったものを悲しんでいるのです。自分が失ったものを自分で耐えていかねばならないこと、要するに自分を包んでくれていた愛を奪われた、その孤独の生活を嘆き悲しんでいるのです。それは間違いです。もしも霊的真理に目覚め、無知の翳《かす》みを拭《ぬぐ》い落とした目でご覧になれば、愛するその方の光り輝く姿が見えるはずです。死は決して愛する者同士を引き離すことはできません。愛はつねに愛する者を求め合うものだからです。あなた方の悲しみは無知から生じております。知識があれば愛する者が以前よりむしろ一段と身近かな存在となっていることを確信できるはずです。霊的実在を悟ることから生じるよろこびを十分に味わうことができるはずです。

皆さんもいずれは寿命を完うしてその肉体に別れを告げる時がまいります。皆さんのために尽くして古くなった衣服を脱ぎ棄てる時が来ます。霊が成熟して次の進化の過程へ進む時期が来ると自然にはげ落ちるわけです。土の束縛から解放されて、死の彼方で待ちうける人々と再会することができます。その目出たい第二の誕生にまとわりついている悲しみと嘆き、黒い喪服と重苦しい雰囲気は取り除くことです。そして一個の魂が光と自由の国へ旅立ったことを祝福してあげることです」

三章　魂の自由と解放

「私たちは時には冗談を言っては笑い、楽しい雰囲気の中で会を進めておりますが、こうしたささやかな集まりの背後に大きな、そして深刻な目的が託されております。出席される皆さんも、自分たちの力でどれほど多くの人々が光明を得ているかをご存知ないでしょう。この霊媒の口から出る言葉は高い界から送られてくるメッセージの一部を私が取り次いでいるのですが、これも皆さんにはすっかりお馴染みとなりました。皆さんの生活の背景として、ごく当り前の位置を占めるに至っております。もはや皆さんにとって私の述べることに取り立てて耳新しいことや革命的なものはなくなりました。

十数年前、あなた方は精神的ならびに霊的な自由を手にされました。永いあいだ尋ね求め、あれを取りこれを拒否し、神から授かった理性で試し検討した末に、ついに私の述べるメッセージを真実のものと認められたわけです。今では私の説く単純素朴な訓えこそ永遠の真理であることを得心しておられます。しかし一方には、永いあいだ暗闇と懐疑と苦悩の中でさ迷っている人、こうした真理が魂の解放のメッセージとなるべき人が大勢いることを忘れてはなりません。気の毒な環境から救い出してあげなければなりません。霊的真理には一人ひとりの人間を束縛から解放する意図《いと》が託されているのです。私どもの仕事はかならず一個の人間から始めます。人類全体も個が集まって構成されているからです。一人また一人と非常にゆっくりとした根気のいる仕事ではありますが、それ以外に方法がないのです。大勢の人を一度に変えようとしても必ず失敗します。暗示が解け、ふつうの感覚に戻った時、すべてが忘れ去られます。そうした一時の興奮から目覚めた者は気恥ずかしささえ味わうものです。

ですから私どもは、あらゆる反抗と敵意と妨害の中にあっても、点滴岩をも穿《うが》つの譬《たと》えで、一人また一人と光明が射し真理を悟ってくれることを信じて、素朴ながらも繰り返し繰り返し説いてまいります。その訓えの意味を十分に理解し価値を評価してくださる方は、それ以後は後ろ髪を引かれる思いをすることもなく、それまで永いあいだ魂を束縛してきた古い因襲的信仰にきれいさっぱりと訣別することでしょう。暗闇から這い出て光明の世界へとたどり着いたのです。真実の光を見出したのです。それを理性で確認したのです。私どもの言説には人間の理性が納得する筋が通っていること、人間の常識を怒らせる要素がないこと、人間の知性を反撥させるものではないことを皆さんはご存知です。むしろ皆さんはこれほど明々白々たる真実がなぜ受け入れられないか——そのことに悩まされておられるくらいです。

われわれに反抗する大きな勢力がまだまだ存在することを忘れてはなりません。その中でもとくに警戒を要するのがキリスト教会という宗教のプロが有する既得の権力です。彼らはそれを振りかざしてわれわれの使命を阻止せんとすることでしょう。彼らにはもはや何ら新しい恩恵は持ち合わせないのです。持ち出すものといえばカビの生えたような古い教説ばかりです。彼らは身は今の世にあっても精神は古き時代に生活し、その過去の栄光を現代に甦らせようとします。今の彼らには他に何の持ち合わせもないからです。教会堂はもはや倒れかけた墓の如く陰うつな空虚さに満ち、およそ神の霊の宿るところでは無くなっております。そういう宗教家がわれわれを非難し悪魔の手先である――信心深いお人好しや妄想にとりつかれ易い人間を騙《だま》そうと企んでいると宣伝します。私どもはそういう宗教家を見て情なく思わずにはいられません。彼らは往々にして自分でもそうと気づかずに宗教家としての職責を裏切り、民衆を神へ導くことをせぬどころか神との間に垣根を立て、ただの書物にすぎないもの、ただの教義にすぎないもの、ただの建造物にすぎないものに自らの魂を縛られ、それを真理より大切なものであると信じ切っております。

私どもが酷《きび》しい言葉でその非を指摘するのは、そういう宗教家に対してです。彼らは宗教家として落第したのです。この苦しみと悲しみの海にさ迷う無数の人々を導く資格を失っているのです。もはや彼らにとっては宗教がその真の意味を失っているのです。神学という粗悪品を混入して、イエスがせっかくこの世にもたらした素朴な啓示の言葉を忘れてしまっております。私どもが説く宗教とはお互いがお互いのために尽くし合う宗教です。人のために役立つことが霊の通貨なのです。神の子である同胞のために自分を役立てるということは、取りも直さず神のために役立てることであり、それを実行した人は立派に宗教的人間と言えます」

——伝統的宗教に対するわれわれの態度は寛容的であるべきでしょうか、厳しい態度で臨むべきでしょうか。

「相手が誰であろうと、恐れず真実を述べることです。あなたも神の僕《しもべ》の一人です。間違いは排斥し虚偽は論破すべきです。恐れてはいけません。恐れる必要は少しもありません。大堂伽藍を建て、妙《たえ》なる音楽を流し、ステンドグラスで飾り、厳かな儀式を催したからといって、それだけで宇宙を創造した大霊が心を動かされるものではありません。宇宙の大霊すなわち神を一個の建物の中に閉じ込めることは出来ないのです」

これに関連した質問を受けてさらにこう述べた。

「大衆に目隠しをして暗闇に閉じ込めようと思えば出来ないことはありません。かなり永い年月にわたってそうすることも可能です。しかし、いつかは大衆も自分たちが本来は光の子であることを思い出して真理の光明を求めはじめます。その時期を権力によって遅らせることはできます。妨害もできます。しかし、最後には真理が真理としてあるべき位置に落着きます。あなた方人間も霊的存在です。肉体だけの存在ではないのです。無限の可能性を秘め、神性を宿すが故に、その霊的可能性が発現を求めはじめます。一時的に無視することはできても、永遠に抹殺してしまうことは出来ません。だからこそ真理の普及が急務なのです。人間が霊的存在であるということは、内部に宿る霊はこの驚異に満ちた大宇宙を創造した力の一部であるということです。いかなる宗教的権力をもってしても、霊の声を永遠に封じ込めることはできません」

再び伝統的宗教の失敗と新しい世界の誕生の問題に言及してこう述べている。

「いま地上では古い体制の崩壊と衰亡が進行し、かつて我がもの顔だった説教者たちも、もはやこれでは民衆の心を捉えることはできないことを認めはじめております。あまりの永きにわたって盲目の民を好きに操った盲目の指導者たち、自分たちの拵《こしら》えた教義を押しつけ、自分たちが創造した神のみを崇拝すべしと説いてきた者たち、真実の行進に抵抗し、現代に生きる聖霊の力の存在を否定せんとしてきた者たち（心霊現象や心霊治療が霊の力によることを認めないこと——訳者）、そうした者が今その代償——霊的法則の存在を認めようとしなかったことへの代償を払わされつつあります。

そこに、あなた方にも肝に銘じていただきたい教訓があります。真理のために闘う者は最後は必ず勝利を収めるということです。善の勢力をすべて封じ込めることは絶対にできないからです。一時的に抑えることはできます。邪魔することもできます。進行を遅らせることもできます。しかし真理を永遠に破壊したり、あるべき位置に落着くことを阻止し続けることは誰にもできません。これは宗教に限ったことではありません。人生のあらゆる面に言えることです。何ごとにつけ誤った説に抵抗し、偽の言説を論破し、迷信に反対する者は決してうろたえてはいけません。全生命を支え、最後の勝利を約束してくれる永遠にして無限の霊力に全幅の信頼を置かなければいけません。

死を隔てた二つの世界の交信を可能にしてくれる霊的法則の存在を知った多くの人にとって、こうした戦争によって惹き起こされる不利な条件の中で真理を普及していくことがいかに困難であるかは、私もよく承知しております。しかし、何が何でもこの霊的真理にしがみついて行かねばなりません。やがて真理に飢え魂の潤いを渇望する者が次第に増え、いつかは知識の水門が広く開かれる時機が熟します。その時に備えておかねばなりません。対立紛争が終った時、戦火が消えた時、無数の人々が、こんどは知識を土台とした生き方の再構築を望むことでしょう。彼らは宗教の名のもとに押しつけられた古い神話にはうんざりしております。戦争という過酷な体験をし、人生の意義を根本から問い直し――つまり〝なぜ生まれて来たのか〟〝いかに生きるべきなのか〟〝いつになったら〟という疑問に直面させられた者は、それを何とか知りたいと思い始めます。真理を渇望しはじめます。その時あなた方は、そうした不満の中に渇望を抱いて訪れる魂に理性と確信と論理性と真理と叡智でもって対応し、新しい世界の住民としての生き方を教えてあげられる用意ができていなければなりません。

過ぎ去ったことは、そこから教訓を学ぶためでなければ、つまり失敗をどう正すか、二度と過ちを犯さないためにはどうすべきかを反省するためでなければ、むやみに振り返るべきものではありません。未来に目をやり、今日行うことを、これから訪れるより立派な日のための下地としなければなりません。世界中があなた方を必要とする時代が来ます。無数の人々が希望と慰めとインスピレーションと指導を求めて、あなた方に目を向ける日が来ます。もう教会へは足を運びません。聖職者のもとへは訪れません。牧師のもとへは行きません。皆さんの方へ足を向けます。なぜなら死と隣り合わせの体験をし、その酷しい現実の中である種の霊的体験をした者は、心の目が開いているからです。目の前を遮っていた靄《もや》が晴れたのです。真理を受け入れる用意が出来たのです。ならば、あなた方はそれを授けてあげる用意ができていなければばなりません」

――新らしい世界が生まれつつあるというのは何を根拠におっしゃるのでしょうか。

「私には厳とした計画、神の計画が見て取れるのです。私は霊の力こそ宇宙最大の力であると信じています。人間がその働きを歪《ゆが》め、遅らせることはできるでしょう。妨害し押し止めることは出来るかも知れません。しかし永遠にその地上への顕現を阻止することは出来ません。あなた方が霊的真理についての知識を手にしたということは、人類が抱えるすべての問題を解くカギを手にしたことを意味します。こう申しても、私は決して世に言う社会改革者たち――義憤に駆られ、抑圧された者や弱き者への巳《や》むにやまれぬ同情心から悪と対抗し、不正と闘い、物的な神の恵みが全ての人間に平等に分け与えられるようにと努力している人々をないがしろにするつもりは毛頭ありません。ただその人たちは問題の一部しか見ていない――物的な面での平等のために闘っているに過ぎないということです。もちろん精神的にも平等であるべきことも理解しておられるでしょう。が人間は何よりもまず〝霊〟なのです。大霊の一部なのです。宇宙を創造した力の一部なのです。決して宇宙の広大な空間の中で忘れ去られている取るに足らぬ存在ではないのです。宇宙の大霊の一部として、常に無限の霊性に寄与しているのです。

その霊力の息の根を止めることは誰にもできません。いつかは必ず表に出てきます。残酷な仕打ちにも憎しみの行為にも負けません。棍《こん》棒で叩かれても、強制収容所へ入れられても、独裁政治で抑えられても、けっして窒息死することはありません。なぜならば人間の霊は人間が呼吸している空気と同じように自由であるのが本来の在るべき姿なのです。それが生来の、神から授かった、霊的遺産なのです。その理想像の素晴らしさを理解した人々、新しい世界の在るべき姿を心に画いた人々は、当然そうあらねばならないことを十分に得心しています。なぜなら、それが人間に息吹きを与えて動物から人類へと進化させた、その背後の目的の一部だからであり、それはさらに人間を神的存在に向上させていくものです。あなた方の使命はその松《たい》明《まつ》を引き継ぎ、新しい炎を燃え立たせ、次の世代にはより大きな光明が道を照らすようにしてあげることです。基盤はすでに出来あがっているのです。何年も前からこちらの世界で基盤づくりは終っているのです。ゆっくりと、苦痛は伴いながらも、各界の名士あるいは名もなき男女が、永遠の霊の存在の証言に立ちあがり、神の計画の一刻も早い実現のために刻苦したのです。新しい世界はかならず実現します」

――その新しい世界はわれわれ人間がみずからの努力によって実現しなければならないはずなのに、なぜその基盤づくりがあなたの世界で行われたのでしょうか。

「あなた方の世界は影です。光はこちらから出ているのです。あなた方はこちらで立てられたプランを地上で実行し実現させて行きつつあるところです。オリジナルの仕事――と呼ぶのが適切か否かは別として――は全てこちらで行われます。なぜなら全てのエネルギー、全ての原動力は物質から出るのではなく霊から出るのです。皆さんは、意識するしないにかかわらず、霊力の道具なのです。受信して送信する道具なのです。霊的影響力をどこまで受けとめられるかによって、成功するしないが決まるのです」

――ということは結局、そちらからの援助を得て私たちが努力することから新しい世界が生まれるということでしょうか。

「その通りです。何ごとも人間一人では成就し得ません。人間が何かを始める時、そこには必ずこちらからの援助が加味されます。私たちは常に道具を探し求めております。人間の方から霊力の波長に合わせる努力をしていただかねばなりません。完璧はけっして望めません。つねに困難を克服し邪魔を排除する仕事は永遠に続きます」

——私たち自身の努力で地上の新しい世界を招来しなければならないわけですね。

「努力してはじめて得られるのです。私から申し上げられることは、神の計画の一部として成就しなければならないことはすでに決まっているのです。が、それがいつ実現されるかはあなた方人間の協力次第ということです。計画はできているのです。しかしその計画は自動的に実現されるわけではありません。それはあなた方人間の自由意志に任されております。あなた方は自由意志をもった協力者です。ロボットでも操人形でもないのです。宇宙の大霊の一部なのです」

——新しい世界が来るとおっしゃっても、私たちにはそれらしい兆しは見当らないのですが……

「古い秩序が崩壊していくのと同じ速さで新しい秩序が生まれます。現にその目でその崩壊の過程をご覧になったばかりではありませんか。大帝国が崩れ去りました。お金の力が絶対でなくなりました。利己主義では割に合わないことが証明されました。(戦争体験によって)普通一般の男女の力の本当の価値が証明されました。どうか私に対して〝進歩が見られない〟などとおっしゃらないでいただきたい。教訓はあなた方の目の前にいくらでもあります。別に霊眼は必要としません。肉眼で見えるところにあります。(これほどの切実な体験をした)現代の人々に新しい世界が訪れて当然です。もしその新しい世界の恩恵に浴せないとしたら、その人はまだ内部の霊的な力を使用するまでに至っていないということです。それだけの努力をした人々は、その犠牲と引き替えに恩恵を受けておられます。私はそれが機械的なプロセスで与えられると申しているのではありません。それだけの用意が整っていると言っているのです。それを受け取るには、あなた方のほうでやっていただかねばならない仕事があります。それは一方では霊的知識を広め、他方で古い権力構造の面影に貪欲にしがみついている因襲的既得権に対して飽くなき闘いを挑むことです」

別の日の交霊会で同じく人類の真の自由の獲得のための闘争についてこう語っている。

「私たちはいないがなの無知に対して闘いを挑まなくてはなりません。神は、内部にその神性の一部を宿らせたはずの我が子が無知の暗闇の中で暮らし、影と靄《もや》の中を歩み、生きる目的も方角も分らず、得心のいく答えはないと思いつつも問い続けるようには意図されておりません。真に欲する者には存分に分け与えてあげられる無限の知識の宝庫が用意されておりますが、それは本人の魂の成長と努力と進化と発展を条件として与えられます。魂がそれに相応しくならなければなりません。そのとき初めて知識がその場を見出すのです。それも、受け入れる能力に応じた分しか与えられません。目の見えなかった人が見えるようになったとしても、その視力に応じて少しずつ見せてあげなくてはなりません。一気に全部を見せてあげたら、かえって目を傷めます。霊的真理も同じです。梯子《はしご》を一段一段と上がるように、一歩一歩、真理の源へ近づき、そこから僅かずつを我がものとしていくのです。

いったん糸口を見出せば、つまり行為なり思念なりによって受け入れ態勢ができていることを示せば、その時からあなたは、その辿り着いた段階にふさわしい知識と教訓を受け入れる過程と波長が合いはじめます。そのあとは、もう、際限がありません。これ以上はダメという限界がなくなります。なぜなら、あなたの魂は無限であり、知識もまた無限だからです。しかし闘わねばならない相手は無知だけではありません。永いあいだ意図的に神の子を暗闇に住まわせ、あらゆる手段を弄《ろう》して自分たちのでっち上げた教義を教え込み、真の霊的知識を封じ込めてきた既成宗教家とその組織に対しても闘いを挑まなければなりません。過去を振り返ってみますと、人間の自由と解放への闘争のためにわれわれが霊界からあらゆる援助を続けてきたにもかかわらず、自由を求める魂の自然な欲求を満足させるどころか、逆に牢獄の扉を開こうとする企てを宗教の名のもとに阻止しようとする勢力と闘わねばなりませんでした。

今日なおその抵抗が続いております。意図的に、あるいはそうとは知らずに、光明の勢力に対抗し、われわれに対して悪口雑言《あっこうぞうごん》を浴びせ、彼らみずから信じなくなっている教義の誤りを指摘せんとする行為を阻止し、勝手な神聖不可侵思想にしがみつき、自分で勝手に特権と思い込んでいるものがどうしても捨て切れず、すり切れた古い神学的慣習を御生大事にしている者がまだまだ存在します。そこで私どもが人間のすぐ身のまわりに片時も休むことなく澎湃《ほうはい》として打ち寄せる、より大きく素晴らしい霊の世界があることを教えに来るのです。そうした障害を破壊し、莫大な霊力、すべてに活力を与えるダイナミックな生命力をすべての人間が自由に享受《きょうじゅ》できるようにするためです。その生命力がこれまでの人類の歴史を通じて多くの人々を鼓舞してきました。今でも多くの人々に啓示を与えております。そして、これから後も与え続けることでしょう。

荒廃に満ちた世界には、これから為《な》さねばならないことが数多くあります。悲哀に満ち、悲涙にむせぶ人、苦痛に喘ぐ人にあふれ、何のために生きているのかを知らぬまま、首をうなだれ行先が分らずにさ迷っている人が大勢います。こうした人々にとって、目にこそ見えませんが、霊の力こそ真の慰めを与え、魂を鼓舞し、元気づけ、導きを必要とする人々に方向を指し示してあげる不変の実在であることを、その霊力みずからが立証します。

そこにこそ、霊的知識を授かった人々のすべてが参加し、自由の福音、解放の指導原理を広め、人生に疲れ果て意気消沈した人々の心を鼓舞し、魂の栄光を知らしむべく、この古く且つ新しい真理普及の道具として、一身を捧げる分野が存在します。私たちが提供するのは〝霊の力〟です。あらゆる困難を克服し、障害を乗り越えて、真理の光と叡智と理解力を顕現せしめ、神の子等に恒久的平和を築かせることができるのは、霊の力を措《お》いてほかに無いのです」

四章　誰にでもわかる真理を

シルバーバーチのもとに数え切れないほどの質問が寄せられている。その一つ一つが読み上げられるのをシルバーバーチは熱心に聞き入るが、あまりに個人的《プライベート》な内容のものには答えたがらない。その理由をシルバーバーチは、プライベートな悩みに答えるにはその悩みを抱えている本人がすぐ目の前にいる必要がある。しかしそれは私に委《ゆだ》ねられた使命ではないから、と説明する。その本来の使命はすべての人に共通した真理を説くことにあるという。その一つが次の質問である。

――あなただけがご存知の、何か新しい真理がありますか。

「新しい真理というものは一つもありません。真理は真理です。単なる知識はそれを受け取る人次第で内容が異ります。子供時代にはその知能に似合ったものを教わります。まずアルファベットから始まり、知能の発達とともに単語を覚え、文章が読めるようになります。こんどは活字で書かれた本が読めるようになります。どの程度のものが読めるかはすべてその段階での理解力一つに掛かっています。知識は無限に存在します。際限がありません。が、そのうちのどこまでを自分のものに出来るかは、精神的ならびに霊的受容力の問題です。

しかし、いくら知識を蓄えても、それによって真理を変えることはできません。いくら知恵をしぼっても、真理の中身を変えることはできません。過去において真理であったものは今日でも真理であり、明日の時代にも真理です。真理は不変であり不滅です。新しい叡智を身につけることはできます。新しい知識を増やすこともできます。が、新しい真理を生み出すことはできません。地上人類はすでに地上生活にとって必須《ひっす》の真理――親切と扶け合いと愛についての基本的真理のすべてを授かっております。世界をより良くするためには如何にすべきかはすでに分っております。成長と発展と向上と進化にとって必要なものは過去幾世紀にもわたって啓示されてきております。それに素直に従いさえすれば、今この地上において、内部に宿された神性をより多く発揮することができるのです。偉大な指導者、地上に光輝をもたらした〝霊の道具〟は、根本においてはみな同じ真理を説いております。人間の霊性――各自に宿る不滅の資質に目を向けさせるべく地上を訪れたのです。言語こそ違え、みな人間のすべてが無限の魂、神の火花、宇宙の大霊の一部を宿していることを説きました。そして、素直に従い実行しさえすればそれをより多く発揮させてくれるところの指導原理も説いております。霊的理念に従って生きればこの世から悪夢のような悲劇、あまりに永きに亘って無益な苦しみを与えてきた恐怖と悲惨と苦悩を一掃できることを説いてきております。

自分を愛する如く隣人を愛せよ。苦しむ者に手を差しのべよ。人生に疲れた人、潤いを求める者に真理を語って聞かせよ。病いの人を癒し、悲しみの人を慰め、不幸な人を訪ねてあげよ。こうした訓えは遠い昔から説かれてきた真実です。こうしたことを実行しさえすれば地上は一変し、二度と恐ろしい悲劇をもたらす戦争も訪れなくなるでしょう。

そこで、私たち霊団のとるべき態度はどうあるべきか。人間は自分の成長と（死後への）霊的準備に必要なものはすべて掌中に収めております。聖なる書も数多くあります。〝師〟と呼ばれる人も数多く輩出しております。内的世界を垣間《かいま》見てその人なりに解釈した霊覚者が大勢います。しかし不幸にして、そうした形で啓示された素朴な真理が埋もれております。人間はその上に教義だの、ドグマだの、信条だの、儀式だのという〝構築物〟を築き上げてしまいました。単純素朴な真理の基礎の上に神学という名の巨大な砦を築いてしまい、肝心の基礎がすっかり忘れ去られております。そこで私どもはその埋もれた真理を本来の純粋な姿――何の飾り気もない素朴な姿のままをお見せするための道具、つまり霊のメッセージをお届けするための霊媒を探し求めてきたのです。

私どもは人間の精神的産物によって色づけされた信仰体系には関心はありません。大切なのは地上生活のように錯覚によって惑わされることのない霊の世界からの真理です。なぜか。それは、あまりに多くの落伍者、精神的浮浪者のような人間が霊界へ送り込まれる一方、一見立派そうな人間が霊的事実について誤った概念と偏見と無知のために、死後に直面する生活に何一つ備えができていないというケースが又あまりに多すぎる現実を見て、私どもは、いずれは永続的な実在の世界となる死後の生活に備えるための単純な真理を地上にいる間に知ってもらえば、私たちの手間も大いに省けるだろうと考えたのです。そこであらゆる宗教的体系と組織、進歩を妨げる信仰、不必要な障害、人間の精神を曇らせ心を惑わせる迷信に対して敢然と宣戦布告し、神の子が神の意図された通りに生きられるように、不変の霊的真理を授けようと努力しているわけです。

他人がどう言おうと気にしてはいけません。非難・中傷など、すべて忘れることです。霊的真理こそ永遠に変わらぬ真理なのです。理性が要求するすべてのテストに応えうる真理です。けっして知性を欺《あざむ》きません。単純・明快で、誰にでも理解できます。聖職者によるあらゆる方策が失敗したのちも止まることなく普及発展していく真理です。不変の自然法則に基づいた単純素朴な永遠の真理だからです。これには法王も大主教も司祭も牧師も教会も聖堂も礼拝堂もいりません。私どもはこれを捏《こ》ねまわして神学体系を作ろうなどとも思いません。ただこうして説くだけです。が、理解ある伝道者さえいれば、それが社会のあらゆる階層に浸透し、すべての人間が身体的にそして霊的に自由を享受し、二度と束縛の中で生きていくことは無くなるでしょう。無知の暗黒が消滅し、代って真理の光がふんだんに注がれることでしょう」

このようにシルバーバーチは単純な霊的真理を説いているだけだと主張し、理屈っぽい問題には答えたがらない。その理由は——

「難解な問題を回避したいからではありません。私は今すぐ応用のきく実用的な情報をお届けすることに目標をしぼっているからです。基本の基本すら知らない大勢の人々、真理の初歩すら知らない人が大勢いることを思うと、もっと後になってからでも良さそうな難解な理屈を捏《こ》ねまわすのは賢明とは思えません。今日もっとも必要なのは簡単な基本的真理——墓場の向こうにも生活があること、人間は決して孤独な存在ではなく、見捨てられることもないこと、宇宙のすみずみにまで神の愛の温《ぬく》もりをもった慈悲ぶかい力が行きわたっていて、一人一人に導きを与えていること、それだけです。これは人間のすべてが知っておくべきことです。また誰にでも手に入れることのできる掛けがえのない財産なのです。そうした基本的な真理さえ知らない人間が何百万、何千万、いや何億といる以上、われわれはまず第一にその人たちのことから考えようではありませんか。それがわれわれにとって最も大切な義務だと思うのです」

同じ話題について別の交霊会で次のように述べている。

「私ども霊界の者がこうして地上へ戻ってくる目的の真意が、ほかならぬ宗教問題で指導者であるべき人たちから曲解されております。いつの時代にも宗教とは基本的に霊力との関わり合いでした。それはまず地上の人間の霊的向上を指向し規制する摂理を教える使命を帯びた者が地上へ舞い戻ってくるという事実から始まります。つまり宗教の本来の目的は人間の霊性に関わっているのです。そこから出発し、ではその霊性を正しく発達させる上で霊界から指導を受けるにはどうすべきかを説くのが宗教の次の仕事です。霊的摂理は広範囲に亘っています。ところが不幸にしてそれが誤って解釈され、その上、それとは別の意図をもった聖職者が割り込んで来たために混乱が生じたのです。

人間も根本的には霊であり、それが肉体を使用しているのであって、付属品として霊を宿した肉体的存在ではないわけです。肉体は霊に従属しているものです。地上生活の全目的はその内在する霊に修行の場を与え、さまざまな体験を通じてそれを育《はぐく》み、死によってもたらされる肉体からの解放の時に備えて身仕度させることです。それから本当の意味での生活が始まるのです。従って宗教とは霊が霊として本来の生活ができるように指導するための処生訓であり道徳律であると言えます。ところが不幸なことに、古い時代に霊の道具である霊媒と聖職者との間に衝突が生じたのです。聖職者の本来の仕事は聖堂や教会等、宗教的行事の取り行われる建造物の管理でした。原初形態においては両者の関係はうまく行っておりました。が、ある時代から聖職者の方が神示を受ける霊媒にばかり関心が向けられることを不愉快に思いはじめました。そしてそれまでに入手した神示を資料として、信条、儀式、祭礼、ドグマ、教説等を分類して綱領を作るという、いわゆる神学的操作を始めたのです。今日そのどれ一つとして霊の資質や生活や発達と実質的に関わりのあるものはありません。

かくして真の宗教の概念が今日では曖昧となってしまいました。宗教というと何かお決まりの儀式のことを思い浮かべ、〝聖典〟と呼ばれるものを読み上げることと考え、讃美歌を歌い、特別な衣装を着ることだと考えるようになりました。何やら難しい言説を有難く信奉し、理性的に考えれば絶対におかしいと思いつつもなおそれにしがみつきます。私たちはいかなる神学、いかなる教義、いかなる信仰告白文にも関心はありません。私たちが関心をもつのは人間の霊性であり、私たちの説くこともすべて、絶対的に従わねばならないところの霊的自然法則に向けられています。人間のこしらえたものを崇めるわけにはいきません。宇宙の大霊によって作られたもののみを実在として信じます。そこに宗教の捉え方の違いの核心があります。

人のために役立つ行為、霊性に動かされた行為、無私と利他的行為、自分より恵まれない人へ手を差しのべること、弱き者へ力を貸してあげること、多くの重荷に喘ぐ人の荷を一つでも持ってあげること——これが私たちの説く宗教です。

〝神とイエスと聖霊は三にして一、一にして三である〟などと説くことが宗教ではありませんし、宗教的であるとも言えません。それを口にしたからといって霊性はみじんも成長しません。朝から晩まで讃美歌を口にしたからといって霊性が増えるわけではありません。バイブル（キリスト教）を読んでも、タルムード（ユダヤ教）を読んでも、コーラン（イスラム教）を読んでも、バガバッド・ギーター（ヒンズー教）を読んでも、その他いかなる聖なる書と呼ばれるものを目が疲れるほど読んでも、それだけで霊性が成長するわけではありません。〝宗教的〟と見なされている行事をすべて行っても、それによって一層価値ある人生へ魂を鼓舞しなければ、言いかえれば内部の霊性を少しでも多く顕現させることにならなければ、私たちが考えている意味での宗教的人間になるわけではありません。

ラベルはどうでもよいのです。形式はどうでもよいのです。口先だけの文句はどうでもよいのです。大切なのは〝行い〟です。〝行為〟です。つまり各人の毎日の〝生活〟そのものです。私たちは因果律という絶対的な摂理を説きます。つまり誰一人としてその神の摂理のウラをかくことはできません。ごまかすことはできません。自分が自分の救い主であり、贖《あがな》い主であり、自分の過ちには自分が罰を受け、善行に対する報酬も自分が受けると説くのです。また、神の摂理は機械的に機能し、自動的に作用すると説きます。すなわち親切、寛容、同情、奉仕の行為が自動的にそれ相応《そうおう》の結果をもたらして霊性を高め、反対に利己主義、罪悪、不寛容の精神は自動的に霊性を下げます。この法則は変えようにも変えられないのです。みっともない執行猶予も安価な赦免もありません。神の公正が全宇宙に行きわたっております。霊的な小人が巨人のふりをしてもごまかせません。死の床での悔い改めも通用しません。

広大なる宇宙で生じるもの全てに責任をもつ大霊（神）の不変にして絶対的威力を有する摂理に目を向けましょう。私たちは常にその摂理を念頭に置いています。なぜなら私たちの説く神は人間的弱点や人間的激情、人間的憤怒に動かされたり、好きな人間と嫌いな人間とを選り分けたりするような、そんな人間的存在ではないからです。私たちの観る宇宙は法則によって支配されています。すみずみまで行きわたり、これからも常に存在し続ける法則です。地上の人間がこれまであまりに永いあいだ振り回され隷属させられてきた誤った概念と虚偽、偏見と無知を無くしていくには、地上の生命現象と生活現象のすべてがその絶対的法則によって支配されていることを教える以外にはありません。その知識が少しでも増えれば、それだけ理解力も豊かになることでしょう。真の美しさを遮っていたベールが取り除かれ、有限の地上的存在の視野を超えたところに存在する、より大きな生活を少しでも垣間見ることになるでしょう。

かくして私どもは常に神の永遠の自然法則、絶対に狂うこともなく、過ることもない法則、地位の高い低いに関係なくすべての存在に等しく働く法則に忠誠と感謝の念を捧げる者です。誰一人おろそかにされることはありません。誰一人見落されることはありません。誰一人忘れ去られることはありません。誰一人として一人ぽっちの者はいません。法則の働きの及ばない人、範囲からはみ出る人など一人もいません。あなたがこの世に存在しているという事実そのものが神の摂理の証です。人間の法律は機能しないことがあります。改められることもあります。人間の成長と発展に伴って視野が広がり、知識が無知を無くし、環境の変化に伴って新たな法令が要請されたりすると、従来の法律が廃止されたり別の法律と置きかえられたりすることもあります。しかし神の法則には新しい法則が付け加えられることは絶対にありません。改正もありません。解釈上の変化も生じません。いま機能している法則はこれまでずっと機能してきた法則であり、これからも変わることなく機能していきます。一瞬の休みもなく機能し、そして不変です」

五章　もしもシルバーバーチがテレビに出たら

〝もしスピリチュアリズムについてテレビで講演することになったらどういうことを話されますか〟――ある日の交霊会でこんな質問が出された。シルバーバーチはすかさず次のように答えた。

「私はまず私が地上の人たちから〝死者〟と呼ばれている者の一人であることを述べてから、しかし地上の数々の信仰がことごとく誤りの上に築かれていることを説明いたします。生命に死はなく、永遠なる生命力の一部であるが故に不滅であることを説きます。私は視聴者に、これまで受け継いできた偏見に基づく概念のすべてをひとまず脇へ置いて、死後存続の問題と虚心坦懐に取り組んで真実のみを求める態度を要請いたします。寛容的精神と厚意をもって臨み、一方、他人《ひと》がどう述べているからということで迷わされることなく、自分みずからの判断で真理を求めるよう訴えます。そして世界中の識者の中から、いわゆる死者と話を交《か》わした実際の体験によって死後の生命を信じるに至った人の名前を幾つか紹介します。そして私自身に関しては、私もかつて遠い昔に地上生活の寿命を割り当てられ、それを完《まっと》うして、一たんベールの彼方へ去ったのち、この暗い地上へ一条の光をもたらし久しく埋もれたままの霊的真理を説くために、再び地上に戻る決心をしたことを述べます。

私はその霊的真理を平易な言葉で概説《がいせつ》し、視聴者に対して果たして私の述べたことが理性を反撥させ、あるいは知性を侮辱《ぶじょく》するものであるか否かを聞いてみます。私には何一つ既得の権利を持ち合わせないことを表明します。こんなことを説いてお金をいただかねばならないわけでもなく、仕事を確保しなければならないわけでもありません。私には何一つ得るものはありません。霊界での永い永い生活を体験した末に私が知り得たことを教えに来ているだけです。聞くも聞かぬもあなた方の自由です。

人間は不滅なのです。死は無いのです。あなた方が涙を流して嘆き悲しんでいる時、その人はあなた方のすぐ側に黙って立っている――黙って、というのは、あなた方が聞く耳をもたないために聞こえないことを言っているまでです。本当は自分の存在を知らせようとして何度も何度も叫び続けているのです。あなた方こそ死者です。本当の生命の実相を知らずにいるという意味で立派な死者です。神の宇宙の美が見えません。地上という極小の世界のことしか感識していません。すぐ身のまわりに雄大な生命の波が打ち寄せているのです。愛《いと》しい人たちはそこに生き続けているのです。そしてその背後には幾重にも高く界層が広がり、測り知れない遠い過去に同じ地上で生活した人々が無数に存在し、その体験から得た叡智を役立てたいと望んでいるのです。

見えないままでいたければ目を閉じ続けられるがよろしい。聞こえないままでいたければ耳を塞ぎ続けられるがよろしい。が、賢明なる人間は魂の窓を開き、人生を生き甲斐あるものにするために勇気づけ指導してくれる莫大な霊の力を認識することになります。あなた方は神の子なのです。その愛と叡智をもって全宇宙を創造した大霊の子供なのです。その大霊とのつながりを強化するのは、あなた方の理解力一つです。もし教会がその邪魔になるのであれば、教会をお棄てになることです。もし邪魔する人間がいれば、その人間と縁を切ることです。もし聖典が障害となっていると気がつかれれば、その聖典を棄て去ることです。

そうしてあなた一人の魂の静寂の中に引きこもることです。一切の世間的喧騒を忘れ去ることです。そして身のまわりに澎湃《ほうはい》として存在する霊的生命の幽《かす》かな、そして霊妙なバイブレーションを感得なさることです。そうすれば人間が物的身体を超越できることを悟られるでしょう。知識に目覚めることです。理解力を開くことです。いつまでも囚人であってはなりません。無知の牢獄から脱け出て、霊的自由の光の中で生きることです。

以上の如く私は述べるつもりです」

次に、教会中心の信仰者に対して講演するとしたらどう説かれるかと聞かれて――

「まず私は教会というところが本来宗教についての真実を学ぶために存在するものであることを説きます。目に見えない高い世界の影響力に集団で波長を合わせるための場です。暫しのあいだ俗世的心配ごとやストレスから離れ、雑念や悩みごとを忘れて霊的実在に目を向ける場です。私はまた人のために自分を役立てることこそ真の宗教であると説きます。礼拝に出席したら、欠席した人より立派になるというわけではありません。肌の色が白いから、茶色や黒い肌の人より優れているわけではありません。大切なのは霊の進化、魂の成長です。教会はそのための永遠の旅に備える場であるべきです。いかにして霊を修練するかを教える場であるべきです。聖典の言葉や説教、儀式、信条のことで惑わされてはいけません。建物を必要以上に有難がってはいけません。

宇宙の大霊は無限の存在です。いかに神聖に思える建物でも、その大霊を閉じ込めることはできません。四つの壁では〝永遠なるもの〟は包めません。書物も、その言葉がいかに美しくても、いかに内容が立派でも、いかに霊的でも、それ一冊に無限なる霊すなわち神に関する真理のすべてが記されるわけがありません。いかなる人間でも、たとえ地上で最高の聖職にある人でも、あなたと神との関係に干渉することは許されません。あなた方の存在にとって必要なものは、あなた方自身が無限の啓示の宝庫から引き出すことができるのです。あなた方が神と呼ぶところのもの、私が大霊と呼ぶところのもの、すなわち全生命の背後の普遍的摂理は、永遠にあなた方と切っても切れない絆で結ばれております。

内部に宿された神性を発揮しさえすれば――高級界から受ける霊力とインスピレーションを活用する霊的法則さえ身につければ、神が意図された通りの生き方ができるようになります。自己を棄て、世間に目を向け、からだの不自由な人を癒し、苦しむ人に手を差しのべ、飢えた人に食を与え、渇えた人に水を与え、道を見失える人に勇気と指示を与え、優しさと思いやりと愛情を、それを必要とする人の全てに与えてあげるようになるでしょう。そうなった時こそ自分を役立てていることになります。それが唯一の宗教なのです。それ以外の宗教を私は知りません」

――スピリチュアリズムが世界的宗教となる日が来るのでしょうか。

「あなた方がスピリチュアリズムと呼んでいるものは大自然の一部――その作用、その意義に対して付けられた名称にすぎません。私にとって宗教とは自分なりの人生を生きることであり、特定の宗派の信仰を受け入れることではありません。人生を支配している摂理は普遍的なものです。ということは、普遍的な理解力が世界中に行きわたれば、お互いが扶け合うことが普遍的な宗教ということになります。それをスピリチュアリズムと呼ぶかどうかはどうでもよいことです。大切なのは真理が普及し、無知の壁が崩れ、迷信が人間の精神から一掃されて、霊的叡智が花開くことです。ラベルには用心しなければなりません。なぜかと言えば、そのうちそのラベルに象徴されていた中身に代ってそのラベルそのものが大切にされるようになり、ついにはラベルだけを崇拝して真理を忘れてしまうからです。大切なのは真理です。ラベルはどうでもよろしい。

皆さんはある現象が話題になるとそれをスピリチュアリズムだと言います。が、すべては自然法則の働きで起きているのであって、それをどう呼ぶかは重要ではありません。同じ意味で〝宗教〟という用語もその本来の意義を失ってしまいました。今では宗教といえば〝神聖〟のラベルをはられた特殊の行事や慣習、儀式、祭礼などのことを連想します。しかし教会や礼拝堂がふつうの建物に比べていささかも神聖であるわけではありません。石はあくまでも石です。ふつうの家の一部となろうと大聖堂の一部となろうと石は石でしかありません。神を崇拝する場として作られた建物はたしかに美しいかも知れませんが、その美しさが神聖さを生むわけではありません。美しいと思うのは美意識の反応にすぎません。

宗教そのものは教会とは何の関係もありません。霊感のある人——本当の意味での聖職者、つまり霊的能力を具えた人が民衆の要請に応えて神との取り次ぎをしてあげることと言ってもよいでしょう。勿体ぶった神学的言説に基づく行事をしたり信仰を告白したりすることではありません。教会でワインを飲んだからといって、他の場所でワインを飲むよりも〝宗教的〟であるわけではありません。宗教的であることは宇宙の大霊の一部である自分を少しでもその大霊の御心に近づけることです。内部の神性を発揮する上でプラスになることをすることが宗教です。その神性は人のために役立つ行為、愛他心、親切心、日々新たになろうとする心がけ――どこにいても倒れている人を起こしてあげ、弱った人を元気づけ、無力な人の力になってあげ、病いの人を癒し、真理と叡智を広め、不正を無くする行為となって表われます。それが宗教です。人間にはその人なりの宗教を実践する上で必要なものはすべて授かっております。そのためにはまず、宗教とは名僧知識が説くことを体系的にまとめることであるかのように考える、その誤った概念を捨て去ることです。

私どもは、どこかの礼拝のための建造物に出席することが神への義務を果たすことになるとは決して申しません。出席される方は真面目な気持でそうされているかも知れませんが、真の宗教心はその人の生きざまの中でしか発揮されないのです。各自の魂に内在する崇高なる霊性

郵 便 は が き

1 5 1 8 7 9 0

2 9 5

お手数ですが、
切手を
お貼りください。

東京都渋谷区本町1-6-2

カシオ計算機株式会社

アンケートカード係 行

性 別	男性・女性	年 齢	歳	お住まい	都・道・府・県
ご職業	① 会社役員 ③ 学生(小・中・高・大・短・専) ⑤ 商工自営 ⑦ 翻訳家 ⑨ 無職		② 会社員 ④ 教職(小・中・高・大・短・専) ⑥ 自由業 ⑧ 主婦 ⑩ その他( )		
ご購入場所	① 家電店 ④ デパート／スーパー ⑦ ディスカウントストア/ホームセンター ⑩ 大学生協		② カメラ量販店 ⑤ 書店 ⑧ 通信販売 ⑪ 学内売店(非生協)		③ 文具・事務機店 ⑥ 学校(教科書販売など) ⑨ インターネット通信販売 ⑫ その他( )
ご購入日	年 月 日				

※このハガキはアンケートです。ご協力いただける方は回答ご記入の上、大変お手数ですが、切手を貼っていただき、ポストに投函ください。ご回答は統計データとして、より良い商品企画等の参考にさせていただきます。このハガキを投函されない場合でも、お客様に不利益が生じることはございません。

※個人情報保護のため、本ハガキではお客様のお名前・電話番号などの個人情報をご記入いただかないこととしました。製品に関するご質問等ございましたら、お手数ですが、取扱説明書記載の弊社お客様相談室までお問い合わせください。

ユーザーアンケートハガキ

Q：お買いあげいただいた製品はどちらですか？

どちらかに○をつけてください。

①XD-J800 （50音配列キー）　②XD-E800 （JIS配列キー）

Q1：電子辞書のご購入は初めてですか？

①初めて　②買い換え　③買い増し(　　　)台目

現在お持ちの辞書メーカー　カシオ・キヤノン・シャープ・セイコー・ソニー・その他

Q2：この製品をお知りになったのは？(1つ)

①新聞／雑誌の広告　②新聞／雑誌の記事　③テレビ／ラジオ
④車内広告で　⑤店頭で　⑥製品カタログで
⑦チラシ／DMで　⑧カシオのホームページで　⑨カシオ以外のホームページで
⑩友人･知人に聞いて　⑪学校･先生に聞いて　⑫その他(　　　)

Q3：この製品を購入された目的は？(1つ)

①業務・仕事(会社)のため　②授業(学校)で使用するため　③個人学習・研究のため
④海外赴任・留学のため　⑤趣味・娯楽のため　⑥日常生活のため　⑦その他

Q4：この製品をお選びになった理由は？(5つ)

①収録辞書が多いから　②自分が使いたい辞書が収録されていたから
③ちょうど良い大きさだから　④液晶画面が大きいから
⑤文字が大きいから　⑥検索機能が豊富だから
⑦検索スピードが速いから　⑧操作が簡単そうだから
⑨キー入力がしやすそうだったから　⑩価格が手頃だから
⑪店員の薦め　⑫学校・先生の薦め　⑬友人・知人の薦め　⑭その他

Q5：主なご使用場所は？(1つ)

①自宅に据え置きで使用　②学校・職場などに据え置きで使用
③自宅と学校・職場などの両方で使用　④海外旅行・出張時に使用
⑤外出中・移動中　⑥その他

Q6：ご使用になってのご感想をお聞かせください。

①収録辞書の内容	満足	ふつう	不満
②画面の見やすさ	満足	ふつう	不満
③検索機能	満足	ふつう	不満
④本体のデザイン	満足	ふつう	不満
⑤品質	満足	ふつう	不満
⑥全体的に	満足	ふつう	不満

HF2MT000514 ML7　MO0512-B　Printed in China

の働きと切り離されたところに宗教は存在しません」
――おっしゃるような生き方ができなければ、スピリチュアリズムも既成宗教と同じように失敗に終ることになるわけですね。

「その通りです。かならず同じ運命をたどります。私たちが地上へ戻ってきたのは一時のセンセーションを巻き起こすためでもなく、一部の人たちだけに喜びをもたらすためでもありません。肉親を失った人を慰めるのも大切です。悲しみの涙にくれる人の涙を拭ってあげるのも大切です。が、それよりもっともっと大切なことは、霊的真理を日常生活のすべてに生かすことです。〝無知〟から生じる世の中の害毒を無くさなくてはなりません。すべての不公正を改め、すべての偏狭と横暴を駆逐しなければなりません。私たちの仕事は人間に内在する霊性をあらゆる面で発揮させ、物質文明から排泄されるもの――汚れ、病気、暗黒街、スラム街、その他、神聖なる霊が閉じ込められている全ての邪悪な環境を清めることに向けられております。

要するに私たちの説く宗教は実践の宗教です。一日一日の宗教――一日二四時間、一時間六十分、一分間六十秒、その全てを実践の時とする宗教です。それが私たちの評価の基準です。それが私たちの目標とする理想です。それが知識を手にした者の本当の仕事――自分だけが喜びと慰めを得るに止まらず、すべての人に隔てなく分け与えてあげる義務なのです。スピリチュアリズムも他のすべてのことと同じく〝結果〟によって評価されます。あなたが存在することによって世の中の誰一人として益を受けることがなければ、この世に生まれてきた甲斐がなかったことになります。もしスピリチュアリズムを信奉する人がいま深刻に要請されている精神的革命に何の役割も果たせないとしたら、それは自分に対する欺瞞であると同時に、その目的のためにその人を使用した霊の力に対する欺瞞にもなります。人間を通して地上へ注がれる莫大な霊力には成就すべき巨大な宿命があります。それは人類の霊的革新です」

六章　イエス・キリストとキリスト教

近代スピリチュアリズム史上でも特異な意義をもつ英国国教会スピリチュアリズム調査委員会の〝多数意見報告書〟（※）が話題にのぼったことがある。（※一九三七年に国教会の諮問機関として設立されたスピリチュアリズム調査委員会が二年後にその調査結果を公表すると約束したにもかかわらず、その二年を過ぎても公表されないことから、バーバネルを中心とするサイキック・ニューズ社のスタッフが隠密裏に追跡したところ、時の大主教ウィリアム・ラングによって〝多数意見報告書〟が発禁処分にされていることが判明。それがスタッフの画策でようやく入手されサイキック・ニューズ紙上に公表されて大反響を巻き起こした。詳しい経緯については『古代霊は語る』―潮文社―を、〝多数意見報告書〟の全文訳は『ジャック・ウェバーの霊現象』―国書刊行会―の巻末付録を参照されたい―訳者）

意見を求められたシルバーバーチは、問題を巾広い視野で捉え、キリスト教の本質の問題として次のように語った。

「当時者がたとえ国教会の大物であっても、生身の一個の人物を絶対服従の対象としてはいけません。宇宙の法則――絶対に裏切られることのない神の摂理を相手になさることです。真理は真理です。何人《びと》もこれを絶滅させることはできません。

その昔、一人の予言者、真理の象徴ともいうべき人物、霊性を最高に顕現した神の使者がこの物質界にやってまいりました。その彼も、当時の宗教会の大御所から好ましく思われず、その言葉によろこんで耳を傾けたのは平凡な民衆だけでした。教えを説く時の彼の態度には冒し難い威厳がありました。が、その威厳は高い地位や身分から出ていたのではありません。生まれは当時の貧民階級の中でも最も貧しい家柄――名もない大工とその妻との間に生まれたのでした。しかしその肉体に宿った霊（※）は人類のすべてが模範とすべき人生を率先垂範すべく彼を鼓舞したのです。（※モーゼスの『続霊訓』によるとイエスの本来の所属界は地球神界で、その背後霊団はその神界におけるイエスの配下の天使団、日本でいう自然霊だったという――訳者）

　彼を通じて霊力がほとばしり出ました。病の人を癒し、悲しみの人を慰め、愛と寛容と慈悲の心を説きました。が、当時の宗教界からは歓迎されませんでした。そして最後にどうなったかは皆さんもよくご存知の通りです。いつの時代にも既成宗教や国家権力から〝反逆者〟と睨《にら》まれた者がたどる道は同じです。イエスも同じ名目のもとに苦しい死を遂げさせられました。しかしイエスの説いた真理は死にませんでした。真理に死はあり得ないのです。無限であり、神から与えられるものであり、それ故に不滅なのです。その霊力――病を癒し、慰めを説き、当時の民衆からぬきんでた存在たらしめた力そのものが、死後すぐさまその姿を弟子たちに見せ、教えが間違っていないこと、霊は物質に優ること、死に生命を終らせる力はないことの証を与えさせたのです。その復活がいわゆるキリスト教を生む端緒となったのです。

あと二、三日もすれば（この日は復活祭《イースター》の直前だった）、キリスト教界あげてその復活をイエスが神の御子であったことの最高の証として祝います。〝もしキリストが復活しなければわれらの教えは無益となり、諸君の信仰もまた無益に終る〟とパウロは言いました。イエスの説いたのと同じ真理、イエスが見せたのと同じ霊的能力があなた方の時代に再び説かれ顕現されているのです。そして、またもや宗教界とそのお偉方、あるいは宮殿のごとき豪邸に住み高き地位に安住している特権階級の人々の怒りを買っております。

〝真理を説きにいく者は財布を携える勿れ〟と説いたイエスの信奉者でいるつもりの現今のキリスト教徒は、実はイエスを十字架にかけた当時の迫害者たちの直系とも言うべき人種であり、その彼らが今イエスと同じ真理を説いているスピリチュアリストたちを迫害しようとしております。しかし霊の力は彼らより偉大です。今となっては時すでに遅しです。真理はかならず広まり、何も知らぬ大衆をいかに煽動しても真理の道を歩もうとする者を引き返させることはできません。私は反駁《はんばく》を覚悟の上で断言しますが、こうした形での今日の霊の働きかけの背後には、二千年前に地上に生をうけた、あのイエスその人が控え、同じように地上の病いの人を癒し、悲しみの人を慰め、霊的な基本的真理を地上に確立せんと奮闘しております。その真理には教会も大主教も牧師も聖典もいりません。愛に満ちた心と善意と素朴な心さえあれば良いのです。

真理を抑圧することは出来ません。鐘《かね》や文句やローソクで真理を破門にすることはできません。（カトリック教で信者を破門にする時まず鐘を鳴らし破門文を読み上げローソクを消すという儀式になぞらえて述べている―訳者）キリスト教の名のもとに推持されてきた誤りが瓦壊しすっかり忘れ去られた時には、霊の力に裏うちされた真理が優位に立ち、世界中いたるところの人間の心の中に王座を占めることになりましょう。たとえば復活の現象は決して奇跡ではなく、自然の法則の一つに過ぎません。一個の人間が〝死〟と呼ばれる変化を通過するごとに復活が行われているのです。あなた方も死を通過してより充実した生命の世界へ復活するのです。二千年前のたった一人の人間のみに起きた特殊な出来ごとではないのです。そういう法則になっているのです。いつの時代にも変わることのない摂理なのです。不変の自然法則であり、大主教も職工も、王様も平民も、聖人も罪人も、哲学者も愚鈍者もありません。すべての人間、神の子のすべてに等しく起きるのです。キリストの復活は霊的自然法則に従って生じたのです。奇跡ではありません。数多くの死者が実験会で姿を見せているのとまったく同じ心霊法則によってその姿を見せたのです」

続いて、聖書の物語にはどの程度まで古い神話が混入しているかという質問に答えて――

「神話の中に出てくる奇跡を起こす者がことごとく神か神人であることから、イエスなる人物もさまざまな超自然的な説話と結びつけられていきました。しかし死後その姿を弟子たちに見せたのは聖書にある通りであり、実際の事実です」

――(聖書以外の)歴史書にその記述が無いところをみますと、センセーションを巻き起こすほどのものではなかったわけですね。

「今の世と似たり寄ったりの物質に毒されていた世の中で、どうしてそんなことがセンセーションを巻き起こし得たでしょう。私たちがこうして霊界から戻って来ていることがセンセーションを巻き起こしておりましょうか。でも、いずれ真実の地上の歴史が書き記される時代がくれば、現今の歴史書が関心を寄せている事柄よりもはるかに重要性をもつ現象として記述されることになりましょう」

ここで再び国教会の話題となり、カンタベリ大主教のテンプル（最初に紹介したラングの後任）が開始した社会改革運動について意見を求められてシルバーバーチは――

「英国民の社会的公正と平等のために国教会が開始した改革運動について意見を述べよとのことですが、まず私は、その運動が誠心誠意の動機から発していることは認めます。つねづね説いてきましたように、個人にせよ団体にせよ、何らかの形で人類のために役立つこと――人間の資質を高め魂のもつ高貴さと崇高性を顕現させ、誤りを正して不正を終らせ、不幸や悲しみや苦難を和らげることに専心していれば、こちらから同じ目的意識をもつ霊が自動的に引き寄せられます。かつて地上で先駆者と呼ばれた人、殉教者と呼ばれた人、その他、思想・哲学や一般世論の指導・教化に情熱を燃やす者が大勢います。そして常にこちらへ来てから身につけた叡知を地上へ届けるための道具、自分が地上で手がけた仕事を完成させるための道具を求めております。

挫折した人を立ち上がらせ、苦しむ人を扶け、重荷に耐えかねている人の痛みを和らげてあげるために自分を役立てたいと希望する人を私どもは大いに歓迎いたします。それが本当の宗教だからです。人のために自分を役立てることです。宗教は倫理・道徳と呼ばれているものを実践することから切り離しては存在し得ません。しかし過去を忘れてはなりません。歴史を繙《ひもと》いてみることを忘れてはなりません。一個の組織が、それみずからを束縛する無用の絆からどこまで解放し得るものであるかを読み取らなくてはなりません。残念ながら国教会の歴史は数多くの黒い汚点によって汚されております。そのうちの幾つかは血生臭い色さえ呈しております。貧しき者、困窮せる者、見捨てられし者、抑圧されし者の味方を標榜《ひょうぼう》する国教会にどこまでその資格があるでしょうか。その手は清らかであると言えるでしょうか。その動機に汚れがないと断言できるでしょうか。残念ながらその歴史は反証に満ちております。この度の運動においてその動機づけとしている〝目的〟そのものを何世紀にもわたって阻止してきたそもそもの張本人が国教会自体だったではありませんか。

〝家の中〟を清掃する用意はどこまで出来ているでしょうか。みずから組織内の不平等と不公正を廃止する用意がどこまで出来ているでしょうか。みずからの努力で勝ち得たものでないものも含めて、その特権のすべてをかなぐり捨ててでも、いま高らかに宣言した改革運動を成就する用意がどこまで出来ているでしょうか。文字どおり国の教会として内部の対立と制約、魂を拘束し足枷となるものを全て排除する勇気があるでしょうか。今のお偉方にはたしてその新しい社会での存在価値があるのでしょうか。無意味な儀式と祭礼、仰々しい礼服、ストラ（袈裟《けさ》に似た掛けもの）にミトラ（主教の冠）、その他、幾世紀にもわたって宗教の真髄をぼかし続けてきた飾りものが何の役に立つのでしょうか。まずみずからの信条を再検討し、その中から公正の成就を妨げるものを排除する勇気がどの程度まであるのでしょうか。まずみずからが真の平等と正義の妨げとなるものを排除しなければなりますまい。動機が誠意から出ていることは私も認めます。しかしどこまで、一体どこまで達成できるでしょうか。いずれは〝時〟がそれを証明してくれるでしょう。

どこの誰であろうと、人類の福祉に貢献する人に対して私たちは祝福と援助を授けます。しかし国教会のこれまでの陰湿な歴史に目をやる時、今のところは誠意ある目的と動機から情熱に燃える男（テンプル大主教）によって先導されているから良いものの、このあと果たしてどこまで続くか疑問に思わざるを得ません。もし能書きどおりに達成する自信があるなら、その自信の証を内外に示していただきたい――信条を異にする者に対する迫害と抑圧をやめ、真の協力精神を明確に表明して、その改革に携わる者が、〝われわれは正真正銘、最善を尽くしている。これでもし失敗したらそれは名誉ある挫折である。われわれは英国社会からあらゆる罪悪を除去するのみならず、国教会みずからの組織についても、それが今日まで堕落の一途をたどり、かつてその功によって勝ち得た尊敬まで失わせるに至ったすべての悪弊をも排除する覚悟である〃と断言できるところまで行かなければウソです。以上が私のありのままの意見です。私が、そして他の多くの者が見ている実情です。現在の国教会は数々の推積物と旧弊を抱えた船のようなもので、それが正しい航路への進行を妨げます。その一つひとつが障害となり、その一つひとつがテンプルの足を引っぱります」

ここでスワッハーが「かつてその功によって勝ち得た尊敬とおっしゃいましたが、それはいつのことですか」と聞くと、

「かつてはそういう時代がありました」と答える。

「その〃尊敬〃は恐怖から生まれていたのではないでしょうか。私の見るかぎりでは、今日の国教会はたしかに欠点もありますが、かつてよりは良くなっていると思います。英国民が進歩しただけ教会も進歩しています」

「なるほど。でもそれはかなり苦しい評価ですね。というのは、今日の国教会は、私からみれば、現在かかえているような悪弊の多くとは無縁だった初期の教会の後継者たるべきものです。はるか遠く遡《さかのぼ》ってイエスの時代のすぐ後に設立された教会を見倣《みなら》う必要があります。当時は、わずかな期間だけではありましたが、真の意味で民衆を我が子のように世話せんとする気

概がありました。それが霊の道具である霊媒を追い出した時から道を誤《あやま》りはじめました」

「三二五年のことですか」（この年に有名なニケーア会議が三か月にわたって開かれている。歴史の記述ではエジプトの神学者でキリストの神性を否定する説を主張したアリウスの弾劾が主な議題とされているが、シルバーバーチによると、この間に聖書にいろいろと〝人間的産物〟が書き加えられたという―訳者）

「もっと前です。三二五年に（霊媒と聖職者との）分離が決定的なものとなったということです。霊媒を追い出そうとする動きはそれ以前からありました。が、霊力の最良の道具である霊媒を追い出すことによって霊力を失い、聖職者が運営するだけとなった教会は次第に尊敬を失い始めます。もともと聖職者は神の道具である霊媒とともに仕事をする者として尊敬されていたのです。自分でも霊媒と同等の価値を自覚していました。その仕事は俗世の悩みごとの相談にのり、霊媒が天界からのお告げを述べ伝えるというふうに、民衆が二種類の導き、すなわち地上的問題について霊と聖職者の双方からの導きが得られるようにしてあげることでした。

ところが優越感への欲望が霊媒を追い出し、それといっしょに教会に帰属されていた権威までも全て追い出すことになりました。そのとき以来ずっと衰退の一途をたどることになったのです。私が指摘したいのは、大主教のテンプルは真摯な気持でいる――そのことに疑問の余地はない。しかし、側近の中にはリーダーへの忠誠を尽くしておくにかぎるといった考えから口先だけの忠誠を示しているに過ぎない者がいることです。そういう連中は改革事業などには情熱を持ち合わせません。改革者などと呼ぶべき人種ではないのです。己れの小さな安全さえ確保しておけばそれでいいのです。事を荒立てたくないのです。何であろうと命令にだけは従っておくにかぎると心得ている連中です。また一方には教会が俗事に関わることを好ましく思わぬ連中もいます。さらには戒律《おきて》に背きたくない者、教わったことを忠実に守ることが何より安全と考える連中がいます。こうしたさまざまな考えをもつ者が内部抗争のタネとなります。一人の人間の〝それ行け〟の掛け声で全員が一斉に立ち上がるという具合にはまいりません。何らかの進展はあるかも知れません。しかし意見の衝突が激しいことでしょう。

実は、このことで私はウィリー氏とシェパード氏の二人と長々と語り合いました。（確かなことは不明であるが多分二人ともかつて国教会の高い地位にあり今はシルバーバーチ霊団に属している人物であろう―訳者）お二人とも国教会の新しい動きをよろこんでおられます。シェパード氏は彼の言う〝化石となった慣習〟に新たな生命を吹き込むことになるかどうか疑問に思っておられますし、ウィリー氏は多分何らかの進展はあるだろうと観ておられます。が両者とも、教会の体質からして、民衆の胸の中、心の中、精神の中に動めいている新しい世界の理想像に向かって一致団結する可能性があるとは見ておられません。しかし援助はすべきでしょう。たとえ結局はお粗末な企てに終っても、それがこれまで長い年月にわたって振り回してきた権威を打ち崩すという正しい方向への一歩であることには違いないからです」

ここでサークルのメンバーの一人が意見を述べた。「今回の社会改革運動は国教会にとっても良い結果をもたらすと思うのです。この正義と公正の激発が、ある程度、国教会そのものまで改めることになるのではないでしょうか」

「私も、ぜひあってほしいと思っています。ただ忘れないでいただきたいのは、私は組織というものには一切関心は無いということです。私の関心は行為であり、善行であり、生きざまです。国教会は今や分裂と衰退の一途をたどっております。豪華な建造物もそこを訪れる人に本当の宗教としての機能を果たせなくなっております。中をのぞけば慣習という名の太古の埃《ほこ》りと偏見と、時代遅れもはなはだしい教説がぎっしりと詰まった、まるでオバケ屋敷のようです。無意味な教条主義が今なお支配し、それが永いあいだ人類を抑えつけてきております。私は何はおいてもまず魂を解放しなければならないと信じます。それは国教会がどこまで自分に正直になれるかに掛かっています。つまり（社会よりも）まず教会自身の体質を診断する勇気があるかどうか、真理のサーチライトを自己の信仰内容にまで向ける勇気があるかどうかです。それが社会正義の妨げになっている面もあるからです。

例を挙げてみましょうか。たとえば教会は信者に対して信仰の告白さえすれば、それだけで正義の問題が片づくと教えます。が、これが社会正義を妨げることになるのです。なぜなら、その教えによって信者の精神が煙に巻かれ、せっかく目覚めかかった魂をまた眠らせてしまいます。このように、真理の普及を妨げる間違った考えは、地上に真の正義が行きわたるのを妨げることになります。それは、ひいては霊界の正義を妨げることにもつながってきます。自己の救済の道は日々の生活、行い、言動の中にしかないのに、身代りの流血（キリストのはりつけ―贖罪）によってキリストへの信仰を告白した者だけが救われるということを、一般社会に一体どう説明できるというのでしょう。正義は両刃《もろは》の剣です。それを振りかざす者は、他人に対して求める前にまず自分に正義を求めなくてはなりません。こう言いますと人種的偏見をもつ者は反論します――〝黒人が肌の色を変え、ひょうがその縞を変えられようか〟（エレミヤ書13・23）と。私は今回の運動に政治的意図はないこと、テンプルは真摯な気持で社会の抑圧された人たちを救おうとしていることは十分に理解しております。ですから、それに水をさすようなことは本当は言いたくないのです。しかし、いつもと同じく、真実は真実として強調されねばならないという気持は変わりません。それはともかくとしても、一個の人間が霊に鼓舞されて何か良いことをしようとしている時は、たとえその人物がわれわれを軽蔑している者であっても、われわれとしてはその努力を拍手をもって賞讃しなくてはなりますまい。

テンプル氏は神学者です。人間が勝手に考え出した教理や学説のすべてに通暁しております。神学の中で教育を受け修行してきた人物であり、リベラル派的なところもありましたが、その忠誠心を捧げるのはやはり神学です。もっとも、その中のいくつかを徐々に捨て去ってはおります。彼には聖霊の力はいかなる教会、いかなる組織の独占物でもなく、通路（霊能者）のあるところなら世界中どこにでも働きかけるものであることが理解できません。君主だの教会だのからの許可があろうと無かろうと、そんなことには一切お構いなく、老若男女に働きかけているのです。太古からずっとそうでしたし、これからもずっと変らぬ真実です」

ここで曽てメソジスト派（国教会から分立した一派）の牧師だった人で今はサークルのメンバーになっている人がこう尋ねた。

――（この運動のために）多くの人、一般の人々が社会正義と国教会の教えとを混同し区別がつかなくなる危険性はないでしょうか。つまり国教会の社会的教義を受け入れるときにドグマもいっしょに呑み込んでしまうということです。

「私はそうは思いません。知識の潮流を止めることは出来ません。進歩の時計の針を逆まわりさせることは出来ません。今回の運動でメリットがあるとすれば、今まで知らずに見過していた不正や不平等に対して宗教心のある人——倫理的な意味での話ですが——が関心を向けるようになってくれることです。これまでは自分たちの知ったことではないと思っていたことなのですから……」

——スピリチュアリズムではイエス・キリストをどう位置づけたらよいのでしょうか。

「この問題の取り扱いには私もいささか慎重にならざるを得ません。なるべくなら人の心を傷つけたり気を悪くさせたくはないからです。が、私の知るかぎりを、そして又、私が代表している霊団が理解しているかぎりの真実を有りのままを述べましょう。それにはまずイエスにまつわる数多くの間違った伝説を排除しなければなりません。それがあまりに永いあいだ事実とごたまぜにされてきたために、真実と虚偽の見分けがつかなくなっているのです。

まず歴史的事実から申しましょう。インスピレーションというものはいつの時代にも変わらぬ顕と幽とをつなぐ通路です。人類の自我意識が芽生え成長しはじめた頭初から、人類の宿命の成就へ向けて大衆を指導する者へインスピレーションの形で指導と援助が届けられて来ました。地上の歴史には予言者、聖人、指導者、先駆者、改革者、夢想家、賢者等々と呼ばれる大人物が数多く存在しますが、そのすべてが、内在する霊的な天賦の才能を活用していたのです。それによってそれぞれの時代に不滅の光輝を付加してきました。霊の威力に反応して精神的高揚を体験し、その人を通じて無限の宝庫からの叡知が地上へ注がれたのです。

その一連の系譜の中の最後を飾ったのがイエスと呼ばれた人物です。(第一巻の解説〝霊的啓示の系譜〟参照) ユダヤ人を両親として生まれ、天賦の霊能に素朴な弁舌を兼ね具え、ユダヤの大衆の中で使命を成就することによって人類の永い歴史に不滅の金字塔を残しました。地上の人間はイエスの真実の使命についてはほとんど知りません。わずかながら伝えられている記録も汚染されています。数々の出来ごとも、ありのままに記述されておりません。増え続けるイエスの信奉者を権力者の都合のよい方へ誘導するために、教会や国家の政策上の必要性に合わせた捏《ねつ》造と改ざんが施され、神話と民話を適当に取り入れることをしました。イエスは(神ではなく) 人間でした。物理的心霊現象を支配している霊的法則に精通した大霊能者でした。今日でいう精神的心霊現象にも精通していました。イエスには使命がありました。それは当時の民衆が陥《おちい》っていた物質中心の生き方の間違いを説き、真理と悟りを求める生活へ立ち戻らせ、霊的法則の存在を教え、自己に内在する永遠の霊的資質についての理解を深めさせることでした。

では〝バイブルの記録はどの程度まで真実なのか〟とお聞きになることでしょう。福音書（マタイ・マルコ・ルカ・ヨハネの四書）の中には真実の記述もあるにはあります。たとえばイエスがパレスチナで生活したのは本当です。低い階級の家に生まれた名もなき青年が聖霊の力ゆえに威厳をもって訓えを説いたことも事実です。病人を霊的に治癒したことも事実です。心の邪《よこしま》な人間に取りついていた憑依霊《ひょういれい》を追い出した話も本当です。しかし同時に、そうしたことがすべて霊的自然法則に従って行われたものであることも事実です。自然法則を無視して発生したものは一つもありません。なん人《びと》といえども自然法則から逸脱することは絶対にできないからです。イエスは当時の聖職者階級から自分たちと取って代ることを企《たくら》む者、職権を犯す者、社会の権威をないがしろにし、悪魔の声としか思えない教説を説く者として敵視される身となりました。そして彼らの奸計によってご存知の通りの最期を遂げ、天界へ帰ったあとすぐに物質化して姿を現わし、伝道中から見せていたのと同じ霊的法則を証明してみせました。臆病にして小胆な弟子たちは、ついに死んでしまったと思っていた師の蘇《よみがえ》りを見て勇気を新たにしました。そのあとはご承知の通りです。一時はイエスの説いた真理が広がり始めますが、またぞろ聖職権を振り回す者たちによってその真理が虚偽の下敷きとなって埋もれてしまいました。

その後、霊の威力は散発的に顕現するだけとなりました。イエスの説いた真理はほぼ完全に埋もれてしまい、古い神話と民話が混入し、その中から、のちに二千年近くにわたって説かれる新しいキリスト教が生まれました。それはもはやイエスの教えではありません。その背後にはイエスが伝道中に見せた霊の威力はありません。主教たちは病気治療をしません。肉親を失った者を慰める言葉を知りません。憑依霊を除霊する霊能を持ち合わせません。彼らはもはや霊の道具ではないのです。

さて、以上、いたって大ざっぱながら、キリスト教誕生の経緯を述べたのは、イエス・キリストを私がどう位置づけるかというご質問にお答えする上で必要だったからです。ある人は神と同じ位《くらい》に置き、神とはすなわちイエス・キリストであると主張します。それは宇宙の創造主、大自然を生んだ人間の想像を絶するエネルギーと、二千年前にパレスチナで三十年ばかりの短い生涯を送った一人の人間とを区別しないことになり、これは明らかに間違いです。相も変わらず古い民話や太古からの神話を御生大事にしている人の考えです。

ではイエスをどう評価すべきか。人間としての生き方の偉大な模範、偉大な師、人間でありながら神の如き存在、ということです。霊の威力を見せつけると同時に人生の大原則――愛と親切と奉仕という基本原則を強調しました。それはいつの時代にも神の使徒によって強調されてきていることです。もしもイエスを神に祭り上げ、近づき難き存在とし、イエスの為せる業は実は人間ではなく神がやったのだということにしてしまえば、それはイエスの使命そのものを全面的に否定することであり、結局はイエス自身への不忠を働くことになります。イエスの遺した偉大な徳、偉大な教訓は、人間としての模範的な生きざまです。

　私たち霊界の者から見ればイエスは、地上人類の指導者のながい霊的系譜の最後を飾る人物――それまでのどの霊覚者にもまして大きな霊の威力を顕現させた人物です。だからと言って私どもはイエスという人物を崇拝の対象とするつもりはありません。イエスが地上に遺した功績を誇りに思うだけです。イエスはその後も私たちの世界に存在し続けております。イエス直《じき》じきの激励にあずかることもあります。ナザレのイエスが手がけた仕事の延長ともいうべきこの（スピリチュアリズムの名のもとの）大事業の総指揮に当っておられるのが他ならぬイエスであることも知っております。そして当時のイエスと同じように、同種の精神構造の人間からの敵対行為に遭遇しております。しかしスピリチュアリズムは証明可能な真理に立脚している以上、きっと成功するでしょうし、またぜひとも成功させなければなりません。イエス・キリストを真実の視点で捉えなくてはいけません。すなわちイエスも一人間であり、霊の道具であり、神の僕であったということです。あなた方もイエスの為せる業のすべてを、あるいはそれ以上のことを、為そうと思えば為せるのです。そうすることによって真理の光と悟りの道へ人類を導いて来た幾多の霊格者と同じ霊力を発揮することになるのです」

――バイブルの中であなたから見て明らかに間違っている事例を挙げていただけませんか。

「よろしい。たとえばイエスが処刑された時に起きたと言われる超自然的な出来ごとがそれです。大変動が起き、墓地という墓地の死体がことごとく消えたという話――あれは事実ではありません」

――イエスの誕生にまつわる話、つまり星と三人の賢者の話（マタイ2）はどこまで真実でしょうか。

「どれ一つ真実ではありません。イエスはふつうの子と同じように誕生しました。その話はすべて作り話です」

――三人の賢者はそれきり聖書の中に出てこないのでどうなったのだろうと思っておりました。

「カルデア、アッシリヤ、バビロニア、インド等の伝説からその話を借用したまでのことで、それだけで用事は終ったのです。そのあと続けて出てくる必要がなかったということです。よく銘記しておかねばならないことは、イエスを神の座に祭り上げるためには、まわりを畏れ多い話や超自然的な出来ごとで固めねばならなかったということです。当時の民衆はふつうの平凡な話では感動しなかったのです。神も（普遍的なものでなく）一個の特別な神であらねばならず、その神に相応わしいセット（舞台装置）をしつらえるために、世界のあらゆる神話や伝説の類いが掻き集められたのです」

別の質問に答えて――

「イエスはけっして自分の霊能を辱《はずかし》めるような行為はしませんでした。いかなる時も自分の利益のために使用することをしませんでした。霊的法則を完璧に理解しておりました。そこが単に偉大な霊能者であったこと以上に強調されるべき点です。歴史上には数多くの優れた霊能者が輩出しております。しかし完璧な理解と知識とをもって霊的法則をマスターするということは、これはまったく別の次元の問題です」

さらに幾つかの質疑応答のあと、こう述べた。

「人間が地上生活を生き抜き成長していくために必要な真理は、これ以上つけ加えるべきものは何もありません。あとは真理をより深く理解すること、その目的をより深く認識することと、神とのつながり、および同胞とのつながりに関してより一層理解を深めることだけです。新たに申し上げることは何もありません。私にできることは、霊的に受け入れ態勢の整った人々の魂に訴えるように、私のこれまでの経験の成果をやさしく説くことだけです。叡知というものは体験から生まれます。十分な体験を経て魂が要求するようになった時にはじめて真理が受け入れられます。それから、今度はその知識をどうするかの段階となります。その知識を他人のために活用する義務の問題です。そうした過程は実に遅々としたものですが、人類の進化はそういう過程を経るしかないのです。啓蒙の領域を絶え間なく広げていく過程であり、退嬰《たいえい》的な暗黒の勢力との絶え間ない闘いです。一人ずつ、あるいは一家族ずつ、悲しみや苦しみ、辛い体験を通じて少しずつ魂が培われ、準備が整い、強烈な感動を覚えて、ようやく悟りを開くのです。
もう、イエスのような人物が出現する必要はありません。たとえあのナザレのイエスが今この地上に戻って来たとしても、たぶん地上でもっとも評判の悪い人間となるでしょう。とくにイエスを信奉し師と崇めるキリスト教徒から一ばん嫌われることでしょう」

――十四歳から三十歳までの間イエスは何をしていたのでしょうか。

「その間の年月は勉学に費されました。イエスの教育に当った人たちによって、真の賢者のみが理解する霊の法則を学ばせるために各地の学問の施設へ連れて行かれました。心霊的能力の養成を受けると同時に、その背後の意味の理解を得ました。要するにその時期は知識の収得と才能の開発に費されたわけです」

――その教育施設はどこにありましたか。

「幾つかはインドに、幾つかはエジプトにありました。最も重要な教育を受けた学校はアレクサンドリアにありました」

訳者注――モーゼスの『霊訓』によるとインドは世界の宗教思想の淵源で、エジプトの霊的思想の根幹もみなインドから摂り入れたものだという。イエスの幼少時に両親がエジプトへ連れて行ったのも、直接の目的は迫害を逃れるためだったが、その裏にはインドから輸入された霊的真理を学ばせるという背後霊団の意図があった。長じては直接インドへ行って修行しており、今日でいうヨガにも通暁し、水と少しの果物だけで一か月くらい平気で過したという。

七章　宇宙創造の目的

霊的教訓の真髄はたしかに単純なものかも知れないが、すべての人間がそれだけでは満足しないのも事実である。ある日の交霊会で〝宇宙創造の目的は何か〟という質問が出た。そしてその質問の内容をこう広げた。

――人間は徐々に進化し続けて究極的に大霊の中に吸収されてしまうのなら、なぜ人間を創造する必要があったのでしょうか。

「私は人間が最後は大霊に吸収されてしまうという説を取っている者ではありません。いつも言っている通り、私は究極のことは何も知りません。始まりのことも知りませんし終りのことも知りません。私に言わせれば〝存在〟には〝いつから〟ということはなく〝いつまで〟ということもなく、いつまでも存在し続けます。地球上の全生命が他の天体の生命と同じように霊の世界を通過して絶え間なく進化し、意識が完全を目指してゆっくりと上昇していきつつある状態が〝存在〟です。その意識がいつ芽生えたかについても私は何も知りません。いつ完全の域に達するかも知りません。私には完全とか吸収（寂滅《じゃくめつ》）とかの時が来るとは思えません。なぜなら、魂というものは霊性を高めて向上するにつれて、言いかえれば過去の不完全性の不純物を払い落とすにつれて、さらに大きな進歩の必要を自覚するものだからです。進化すればするほど、なお進化すべき余地があることに気づくものです。高く登れば登るほど、その先にまだ登らねばならない高い所があることを知ることとの連続です。

私の考え方は、大霊の一部である意識の、生活の中における開発と発展に主眼を置いています。この意識は私の知るかぎり無窮の過去より常に存在してきたものですが、それがさまざまな形態を通じて顕現し、その表現を通じて絶え間なく洗練されつつ、内在する神性をより多く発現していくのです。これまでもありとあらゆる生命現象を通じて顕現し、今なお顕現し続けております。現在人間という形で表現している意識も、かつては動物、鳥類、魚類、植物、その他、無生物と呼ばれているもの全てを通じて表現されてきたのです。これからもその意識は進化と成長を続け、発展し、拡張し、神性を増し、物質性を減らしていきます。それが創造の全目的です。大霊の一部である意識が千変万化の形態を通じて絶え間なく顕現していくことです。それに私はぜひ次の考えを付け加えたいと思います。それは、人間を創造の大事業と切り離す、あるいは縁のない存在として考えてはならないということです。なぜなら、人間もその創造活動に参加しているからです。創造的エネルギーが人間を通じて働いているのです。あなたの人生、あなたの努力、あなたの葛藤が、無限の創造活動に貢献するということです。

一つひとつの生命がそれなりの貢献をしています。その生命が高級になればなるほど、つまり愛他性を増し排他性を減らすにつれて、変化に富む創造の世界に美しさを加えています。画家や音楽家や詩人だけが美の貢献をするのではありません。あらゆる生命が――そのつもりになれば――美をもたらすことができるのです」

創造の問題は必然的にバイブレーションの問題となる。

――スピリチュアリズムでは〝バイブレーション〟という用語がよく使用されますが、これを分り易く説明していただけないでしょうか。

「生命のあるところには必ず運動があり、リズムがあり、鼓動があり、バイブレーションがあります。生命は活動せずにはいられないものです。静止したり惰性的になったりするものではありません。生命には常に運動が付随します。その運動を理解し、その意味を理解するには、まずその定義から始めなければなりません。私がバイブレーションという時、それはエネルギーの波動の形で顕現している生命のことで、無数の生命形態ないしは現象の一つを指しています。存在するものはすべて振動《バイブレイト》し、何かを放射し、活動しています。私たちがこうして地上へ働きかけることができるのもバイブレーションのおかげです。私たちはふつう物的感覚の領域を超えたバイブレーションの世界で生活しております。言わばオクターブの高い世界です。霊的エネルギー、霊的パワー、霊的現象はことごとく物質より感度の高い、微妙なバイブレーションから成り立っております。

地上のように物質に浸りきり包み込まれている世界と交信するためには、次の二つのうちどちらかの方法を取らなければなりません。すなわち、人間の側がその低いバイブレーションを高めてくれるか、それとも私たち霊の側がその高いバイブレーションを下げるかのどちらかです。両方が歩み寄れば……誰しもそうお考えになるでしょう。ところが、どうしてどうして、なかなかそううまくは行かないのです。いつも私たちの方が遠路はるばる下りて来なければなりません。地上世界からの援助は多くを望めないのです。この霊媒（モーリス・バーバネル）を使ってしゃべるために私は私の本来のバイブレーションを下げております。その状態から脱け出て私の本来の界へ戻る時は、その界に合った意識を取り戻すためにバイブレーションを加速しなければなりません。こうしたことは全てバイブレーションの操作によって行われるわけです。それを簡単に説明するにはバイブレーションという用語しか見当りません。それにしても、長いあいだ霊的な分野のことにはいっさい耳を貸さず目を瞑《つむ》ってきた科学者が、今になって物質の世界の謎を解くカギはバイブレーションにあるという認識をもち始めたことは興味ぶかいことです」

——〝霊力〟というのはどんなものでしょうか。実感があるのでしょうか。目で見て描写できる性質のものでしょうか。

「ずいぶん解釈の難しい言葉をお使いになられますね。〝実感があるか〟とおっしゃるのはどういう意味でしょうか。五感に反応するかということでしょうか。その意味でしたら実感はありません。真実味があるかという意味でしたら、知識に真実味があり叡智に真実味があり進化に真実味があり愛に真実味があり、ありとあらゆる目に見えないエネルギーに真実味があるように、霊力にも真実味があります。私たち霊《スピリット》にとってはもちろん真実味がありますが、霊覚が発達してその真実味が認識できる段階にまで来ていない者には、その存在は実感できません。一種のエネルギーです。霊的なエネルギーです。生命活動を操るエネルギーです。無知な人、偏見を抱く人、迷信に動かされる人は、自分でいくつもの精神的障壁をこしらえ、その一つ一つが霊力の働きの障害となります。それがいつになったら突き崩せるかは、その障害の性質によります。

人によっては霊的なものについて漠然とした概念すら抱くことなく地上生活を終えることがあります。そういう人は生命がすなわち霊であり霊がすなわち生命であること、地上の全生命は霊力ゆえに存在が維持されていることに気づきません。霊的実在についてまったくの無知で、言わば、死が解放してくれるまで、肉体という牢獄の中に閉じ込められた生活を送るわけです。といって、死んですぐに実在に目覚めるわけではありません。ご承知のとおり、それには永い調整期間が必要です。そうした完全に無知な人とは別に、生命現象を創造し支配し導いている超越的エネルギーを何らかの体験の中でチラリと垣間見る程度に意識する人もいます。さらには、あなた方のように、こうして直接的に知識を獲得して、日常生活の中で霊力の恩恵にあずかる人もいます。心と精神と魂の窓を開いた方です。こうした方は地上の生命現象のすべてを表現しているのと同じ霊力の道具として、いつでも使われる用意ができている方です。霊のほうでもあなた方を通して他の受け入れ準備の整っている人を少しでも早く目覚めさせようと腐心しています。そうしたことに使用されるのはみな同じ霊力なのです。生命現象のすべてを統制している力は、私の霊団が操作し私がこうして話すことを可能にしてくれている力と同じものなのです」

そのシルバーバーチ霊団とサークルとのつながりについて出された質問に答えて——

「信じることとです。わけも分らずに信じるのではなく、確固とした知識の上に立った信念をもつことです。確信です。これは使い古された言葉ですが、私には何一つ新しい訓えはもち合わせないのです。しかし、それがあなた方の精神構造の一部となり切るまで、私は同じことを声の続くかぎり何度でも叫び続けます。確信をもつことです。あなた方があなた方なりの役割を果たしてくださっていれば、私たちは私たちなりの役割を果たします。決して見捨てるようなことは致しません。人間がインスピレーションにあずかるチャンスはいくらでもあります。ところが、取越苦労、疑念、不安、こうした邪念が障害となっています。そういう念が心に宿るスキを与えてはなりません。(あなた方の協力を得て)為さねばならない仕事が山ほどあるのです。目的意識を忠実に持ち続けることによって私を援助していただきたいのです。私のこれまでの永い体験をもってしても容易に克服できない障害がたくさんあります。だからこそ皆さんの私への忠誠心、確信、なかんずく大胆不敵な心、つまり恐怖心、悩み、心配を精神に根づかせないように心掛けることで私の力となっていただかねばなりません。

進み行く道を問題が過《よぎ》ることがあるかも知れません。が、そのまま過って行ってしまいます。そこに居座ることはありません。解決できないほど難しい問題は生じません。背負えないほど重い荷を背負わされることはありません。取越苦労をしてはいけません。明日がもたらすものに不動の信念と断固たる精神で立ち向かいなさい。万事うまく行きます。世の中にはあなた方（のように霊的真理を手にした者）による救いを求めている人が大勢います。あなた方はそういう人を援助し、使命を成就する備えができていなければなりません。どうのこうのと立派なことを言っても、それを人のために役立てなかったら、つまり自分の獲得した知識を他の人に分けてあげなかったら、せっかくあなたに授けられた知識の本来の意義を自分の人生で生かしていないことになるのです。為さねばならないことは山ほどあります。われわれの努力によって喜ばせてあげられる人があちらにもこちらにも大勢いることを自覚して、心躍る気持で仕事に邁進しようではありませんか」

別の日交霊会で、これから霊媒のバーバネル氏が入神してシルバーバーチがしゃべり始めるのを待っているあいだ、二人のメンバーがスピリチュアリズムの宣伝活動の価値について議論し合っていた。やがてシルバーバーチが憑《かか》ってきてこう語った。

「私たちがこうして地上へ戻ってくるのは何のためだとお考えでしょうか。少数の特殊な人のため？　それとも大勢の人々のため？　私たちの説く真理はひと握りの人のためにどこかの小さな団体、秘密結社のようなところに仕舞いこんでおくべきものでしょうか。真理を知らずに迷い、絶望的になり、あるいは悲嘆に暮れている数知れない人の姿が私たちの目に見えないとでもお思いでしょうか。私たちがお届けするメッセージには重大な目的があるのです。世界中の人間に例外なく宿る宇宙の大霊すなわち神の崇高な資質を顕現させることを目的としているのです。まず第一に人生を支配する法則——物的生活、精神的生活、霊的生活を支配する法則の存在を説かなければなりません。続いて人生の目的、地上に生まれてきた理由、内部に宿るすばらしい能力、潜在的神性、人間に為しうる貢献度、目指すべき理想的世界、身につけるべき知識、到達できる極致を理解させなければなりません。

私たちの説く真理は最後は地上のすべての人間、それも地上に生きているうちに実生活に応用することによって実地に学ばせるために、地上のすみずみに至るまで広められるべき宿命を担っているのです。誤りを訂正し、不足を補い、これまで人間が愚かにもしでかしてきたことの後片づけをするだけで何十年も何百年も費します。地上の人類がこうまで無知でなければ、そのエネルギーを別の用途に向け、時間のムダも省けるのですが……

ここにお集まりの皆さんにはすでにその知識があります。霊的知識について少しばかり多くのことを学んでおられます。霊的交信のすばらしさも味わわれました。永遠に別れてしまったと思っていた愛する人との縁を再び取り戻されました。遠大な神の計画の一端をご覧になりました。その見事な構想に驚嘆されました。霊力の証のいくつかもご覧になられました。高い世界からのインスピレーションの喜びも味わわれました。高い世界の知識の泉に近づかれました。こうしたことは一体何のためだったのでしょうか。自分一人で楽しむため？　違います。知識には責任が伴います。こんどは代ってあなたがその知識を自分にできる範囲で広めなければならないのです。あなたが得た喜びが何であれ、それを他の人へ回してあげるのがあなたの責務です。そうすることで一人でも多くの人が霊力に近づき、高い世界で待機している霊の愛を知り、これまで多くの男女に神の雄大な計画の一翼を担う道具となる決意をさせたその強烈な力によって、さらに多くの人が魂を鼓舞されるように努力しなければならないのです。

知識に制約を加えようともくろむ人種とは縁をお切りになることとです。知識は自由に広められるべきです。それが無知と迷信と、あまりの永いあいだ人類の足枷となってきたものを全て打ち崩すことになるのです。知識こそが魂を解放し、神からの授かりものである自由のよろこびを満喫することになるのです。太陽の輝きが拝めるはずの人間がローソクの灯《あか》りしか知らないとは、何という愚かしいことでしょう。私が一個の道具に過ぎないように、皆さんも道具です。どこの誰それでなく、すべての人の心を解放してあげるのがわれわれの仕事です。それが地上世界に進歩をもたらし、神の子すべてが霊的摂理にもとづいて意義ある人生を送れるように、社会組織を改めていくもとになります」

最後にこれから先の見通しについて――

「私の興味は真理だけです。真理こそが最も大切です。私のいう新しい世界が基盤とすべき永遠の霊的真理を理解していただくために私は、ひたすら自分を役立てることだけを考えております。その大事業からはずれたことをする人間は、本来同胞のために捧げるべきエネルギーをムダに費していることになります。私たちがこうして地上へ戻って来たそもそもの目的は、聞く耳をもつ者の魂に刺戟《かつ》を与えて、新しい世界の構築のために地上の人間なりの役割を果たしていただくことにあります。

形式への盲従が度を越しています。因襲を大切にしすぎます。私は知識の普及とそれを今なお暗闇にいる人々の啓発のために使用していただくこと以外には関心はありません。私にとって宗教はたった一つしかありません――人のために自分を役立てるということです。教会、聖堂、信条、教理――こうしたものは私にはまるで興味がありません。行為、生活、動機――これで評価します。霊的な知識を得た人がそれを正しく普及していく上において心しなければならないことは、それを無理やりに押しつけることによって肝心の霊界からの働きかけの邪魔になるようなことになってはいけないということです。霊の力は勝手に制約したり命令したりすることは出来ません。発現できるとみたら、どんな人を通してでも流入します。私たちが欲しいのはそういう道具、霊媒、あるいは普通の男女――その人を通じて霊力が受け入れられ、霊の教えが語られ、知識が伝達されるような精神構造をした人たちです。これは、のんびり構えてはいられない問題です。

私たちがなぜ地上へ戻ってくるのか。実は霊界へ送り込まれてくる人間の中に、もしも地上で霊的知識を身につけておればこうまで酷《ひど》くはならなかったろうと思われる廃残者、堕落者、霊的生活への備えがまるで出来ていない者があまりに多すぎるのです。無知と恐怖と迷信と偏見に満ちた者ばかりなのです。そうした地上の暗黒面を助長している勢力を打ち崩すことが私たちの仕事です。私はそれを敢えてスピリチュアリズムと呼ぶつもりはありません。私は自然法則について語っているだけです。父なる神などという言い方も致しません。私は宇宙の大霊という呼び方をしています。私は法則に目を向けます。私は宇宙の目的に目を向けます。人間は霊的に成長しなければならないのです。もしも地上で為すべきことの一部だけでも成就できたら、避けようにも避けられない宿命である次の霊的生活への準備が整ったことになります。そうなるように仕向けるのが私たちがこうしてあなた方の世界へ戻って来る目的です。同胞である地上人類への愛に発しているのです。情愛の絆がわれわれを結びつけ、私たちがあなた方に真理を語り、代ってあなた方が同胞のためにそれを語り継いでいただくということです。

私はただ私が見たままの事実を述べるだけです。そしてその評価はあなた方の理性に訴えております。それが最高の判定者であると考えるからです。とにかく知識を広めることです。迷信を突きくずすのです。光明を輝かせ闇を無くすのです。古くからの誤った権威を亡ぼすのです。強欲、貪欲、私利私欲、旧態依然たる教理と慣行の息の根を止めるために何とかしなければなりません。これらのすべてが霊の敵です。断じて無くさなくてはいけません。新しい世界にとっての障害物です。その行く手を邪魔する者は、たとえ一時にせよ、神の計画を妨害していることになるのです。真理はいかなる組織・団体よりも大切です。何も難しく考えることはありません。真理はきわめて簡単なのです。ところが人間は簡単では気が済まないのです。形式と慣習を好みます。よその形式と慣習を真似したがります。よそが教会を建てると自分のところにも教会を建てないと気が済まないのです。よそが祈禱で儀式を始めるようになると自分のところでも祈禱文をこしらえます。よそが讃美歌を歌うと自分のところでも讃美歌をこしらえます。もっともその多くは文句が同じで、歌い方を変えているだけですが……。よそが説教を始めると自分たちも説教を始めます。

そんなことをしなくても、ただひたすら霊力を第一に考えておれば、神についての知識と霊的法則の普及のための合流点はいくらでもあります。そのことが何より大切です。レンガはあくまでレンガです。建築物はあくまで建築物にすぎません。そんなものを崇拝してはいけません。忠誠を捧げるべきものは宇宙の大霊すなわち神とその永遠不変の摂理です。そのことを知った者はその真理の炎を絶やさぬように努力し、向かうべき方角も分らずに迷っている人々にいつでも希望と慰めと啓示を与えてあげられるようになることが勤めです。あなた方の世界は暗黒に満ちております。人生に疲れ生きる意欲を失い困惑している人、慰めのひとこと、一片の真理を渇望している人々が大勢おります。あなた方による緊急の援助を必要としております。そういう人々のためにあなた方は一刻を惜しんで真理の普及のために努力すべきです。その人たちにとって霊的真理が人生のすべてを建て直す磐石《ばんじゃく》の土台となることでしょう」

八章　シルバーバーチからの質問

ある日の交霊会でシルバーバーチの方から一連の質問をしたことがある。

最初の質問は「皆さんはこれまでの人生に最善を尽くしたと思われますか」というものだった。

これに対してメンバーの一人が「誰一人そう断言できる者はいないと思います」と答えると、シルバーバーチは別のメンバーに対して「あなたはどういう点がいけなかったとお考えですか」と聞いた。すると「毎日、毎時間、数え切れないほどです。こうするのが自分の責務だと思っていながら全力を投じていないからです。これが正直な答えです。私にとっての〝赦し難き罪〟です」と答えた。もう一人のメンバーも「かくあるべきということに四六時中最善を尽くしている者はいないというのが正直なところだと思います」と言い、さらにもう一人も「もしそれが出来たらわれわれは恐るべき人間ですよ」と答えた。

シルバーバーチの次の質問は「今お持ちの知識を携えてもう一度人生を初めからやり直すことができたら、もっと立派なことができたはずだと思われますか」というものだった。

これに対して一人は「ええ、むろんです」と答え、もう一人は「私はそうは思いません。早くからこうしたことを知っておりましたから、それは私にとって言い訳にはなりません」と答えた。すると最初に答えたメンバーがその人に「少なくとも人生を歩む上での方向感覚を与えることにはなっていたでしょう」と述べた。

一方、かつてメソジスト派の牧師だったメンバーは「私の場合は、もし早くから知っていたらメソジスト派への改宗を説くことだけはしなかったろうと思われます」と答えた。

別のメンバーは「とにかく私は怠慢でした」とだけ答え、もう一人は「私は知らずにいたことを永いあいだ悔やんでおります。早くから知っていたら大変な違いが生じていたはずだと思うからです」と答えた。そして最後の答えは「多くの好機を無駄にしてきました」というものだった。

こうした答えを聞いてシルバーバーチは次のように語った。

「私は皆さんのお答えのいずれにも賛成しかねます。霊的な視点で見ておられないからです。一人の方はもし早くから知っていたらメソジスト派の教えを説いて永い年月をムダにすることはなかったとおっしゃいましたが、私に言わせれば、むしろその荒野に叫んだ時期が無かったら、その方の存在価値は今ほど大きくなかったろうと思われます。真理探求に没頭した年月――追求してはつまずき、倒れては起き上がり、間違いを犯しながら遂にそれまでの信仰が真実とは似て非なるものであることを思い知らされることになった――そうした体験がその人の魂の発達の掛けがえのない要素となっているのです。行く手にころがる石ころを一つ一つ取り除いてもらい、困難は生じる前に簡単に片づけられ、いかなる障害が地平線に浮かんでも、まるで魔法のように消されてしまうような人生を送っていては、未発達で、何の試錬も体験しない、幼稚な霊をこしらえることにしかなりません」

するとと当の本人が「でも、私が説いた（誤った）教えを聞いた人たちはどうなるのでしょうか」と聞いた。

「あなたがその人たちに及ぼした（悪い）影響を必要以上に誇張してお考えになってはいけません。その人たちはその人たちなりに、そうした誤りを通して学んでいかねばならないのです。葛藤と困難、苦悩と障害は霊性の開発にとって必須の要素なのです。たとえあなたが霊的《スピリチュ》知識《アリズム》を早くから知っていたとしても、相変らず葛藤は葛藤として続いていたことでしょう。ただ、私がもっと早く、困難への対処の仕方を教えてあげておれば良かったということは言えましょう」

次に〝私は怠慢でした〟と答えた人にシルバーバーチはこう述べた。

「あなたはご自分が怠慢だったと考えておられる。それはあながち間違っているとは言えませんが、あなたはもう大いにその埋め合わせをしておられます。ご自分では気づいていなくても、立派な貢献をしておられます。ご自分では小さく見くびっておられますが、その判断は公平を欠いております」

〝知らずにいたことを悔やんでいる〟と答えた人に対しては「償いをすることによって却ってその有難さを知ることになることもあるものです」と答え、〝早くから知っていたので今さら言い訳はしない〟と答えた人に対しては「あなたはずっと正しい指導を受けてこられました。ほぼ物心がついた頃から今日までずっと霊的な糸で結ばれております。（全員に向かって）人生は釣合い、照合、再照合、そして埋め合わせといったことの繰りかえしであることを認識してください。皆さんはそれぞれの生活にとっぷりと浸っておられるために、これまでご自分がどれほど立派な貢献をしてきたか、そして今どんな貢献をしているかがお判りになりません。視野がぼやけております。天秤を水平に持つことができないのです。しかし大切なことは、知識がすべてに優先するということです。ですから、霊的知識の普及にできるかぎりの努力をしなければなりません。私がこの仕事を依頼されて地上をいかなる世界にすべきかという未来像を画いた時に、何よりも優先させねばならないと考えたのもそのことでした」

次に出されたシルバーバーチからの質問は「あなた方にとって、この交霊会はどういう意義がありましたか」ということだった。

一人は「大変な意義がありました。大いに目を開かされ、数多くの書物を読みました」と答え、もう一人は「スピリチュアリズム的な考えの基盤を与えてくれました。死後の世界についての正しい認識を得ることにもなりました」と答えた。

三人目の人は「幸せをもたらしてくれたと思っております。キザに聞こえるかも知れませんが、多くの人にとってもそうだと思うのです。事実、本当に慰めを必要とする人にとって真の慰めとなった証《あかし》がたくさんあります」と答えると、四人目の人は「私にとっては〝無限なるもの〟を子供にも分る言葉で説くことの出来る唯一の人との出会いのチャンスを与えてくれました。いつも変らぬインスピレーションの泉です。私に新しい可能性の世界——かつては試行錯誤の繰りかえしであった世界を今や日常の細かい点までしっくりと納得のいく世界にしてくれました。ここへ出席するたびに大変な事業に携わる者として自分がいかに未熟な人間であるかを痛感させられております。このサークルは、その結成がいかなる過程を経たかはよく知りませんが、無数の人々にとって慰めと力づけとインスピレーションの変わらぬ泉であると思っております」

以上のような返事を聞いたシルバーバーチはこう語った。

「私はあなた方を愛し、かつ誇りに思います。地上に戻ってくる指導霊がみな私と同じような愛を一身に受けることができれば、どんなにか満足に思うことでしょう。これほどの愛と、そしてそれ以上に尊敬の念を受けている私は本当に光栄に思い、しあわせ者であると思っております。

さて、まず正直に申しておかねばならないことは、この仕事を引き受けた頭初は、私の力量ではとても無理なように思えたことです。しかし私は、人生において何よりも大切なものとして私が尊《たっと》ぶところの霊的真理は、表現方法さえ工夫すれば、数知れぬ人々にとってそれまで理解し損ねていた人生に確信と方向づけと目的とを見出すよすがとすることが出来るはずだと考えたのです。初めの頃は気の遠くなるほど困難に思え、思わず足を止めて躊躇《ちゅうちょ》したことが何度も何度もありました。そんな時にかならず私の耳に鳴りひびいたのが、私がこの仕事をお引き受けした時に受けた（すでにお話したとおりの）言葉でした。（訳者注――背後には幾重にもわたって霊団が控えていて、精一杯のことをやっておれば上級界から援助の手を差し向けるから案ずるな、という確約の言葉のこと）

こうして勇気づけられながら私は、無数の人々の魂を鼓舞しようとする大目的のために私の手となり足となってくれる人――同胞のために身を粉《こ》にして活躍してくれる人々を探し求めてきました。数々の困難を乗り切って今日まで邁進《まいしん》することができました。そして皆さんもご承知の通り、数多くの人の心に感動を与え、数多くの魂に目を開かせ、数多くの人の精神を開放し、暗闇に理解力という名の光を照らすことができました。光明が射し込み、今や、かつては漆黒《しっこく》の闇だったところに真理という名のダイヤモンドの光が輝きはじめ、少しずつ広がりつつあります。まだまだ説かねばならないことが残っています。私は時おり思うのですが、もし立場が皆さんと逆であったら、私はもっともっとしつこく知りたがるかも知れません。それを思うと、皆さんの忍耐と私への忠誠心に対して（皮肉な意味でなしに）感心せずにはいられません。私の説く真理の素朴さと私という目に見えない存在の本性を（姓名も名のらずに）明かそうとするお粗末な弁明だけで、皆さんからこれほどの信頼と確信を得ていることだけで、私は十分に満足に思っております。

しかし、このことだけは認識し、そして安心なさってください。私がその代理人をつとめている高級霊の力――みずからその通路となることで甘んじている霊力は、宇宙の生命力そのものだということです。私の背後には数え切れないほどの進化の階梯があり、そこには私よりはるかに向上進化した霊団が幾重にも控えております。その意味では私にはおよそ霊格の高さも魂の成長度も誇れる立場にはありませんが（※）、真理に飢えた魂にあふれた世界が待ち望んでいるメッセージを、十分とは言えないまでも、お届けする道具として役立ったことだけは断言できます。あなたがたも、よくぞ私を信頼してくださいました。その信頼はけっして無駄には終らせません。より一層の理解をもたらす道へ私がかならずご案内いたします。どうか、さきほどどなたかがおっしゃったように、ご自分を詰まらぬ存在のようにお考えにならないでください。皆さんはご自分で考えていらっしゃる以上に役に立っておられます。皆さんのご存知ない人々を皆さんの力で、暗闇から光明へと大ぜい救い出しておられます。耐え切れないと観念していた肩の荷を軽減してあげています。あなた方なりに最善を尽くしておられます。皆さんには人間としての強さと同時に弱さもお持ちです（※※）。私には皆さんの心の中が読み取れます。お一人おひとりの魂の真実の姿が私にはすべて判ります。だからこそこうしていつも身近かにいて、無情な人生の闘いの中で援助してあげることが出来るのです。私への感謝の言葉をお聞きしていると謙虚な気持にならずにおれません。私には感謝していただく資格はないのです」（※霊格の高さが必ずしも魂の成長を意味するものではなさそうである。オーエンの『ベールの彼方の生活』によると、霊格の高さの点では二段も三段も上の界に相応しいものを具えているのに、魂の鍛練の不足からくる霊力の弱さのために足踏みしている霊がいるという。そこで一層の試練を求めて下層界、あるいは地上圏へと降りてくる――時には肉体に宿って再生してくる――ことにもなるわけである。※※肉体に宿って地上で生活することは、霊的感覚が鈍るという弱点はあっても、地上的体験を積むにはこれ以上うまく出来た身体はないことも事実で、これは地上の人間の強みである。―訳者）

九章　人間的思念と霊的思念

英国フリート街に立ち並ぶ新聞社の一つの主筆でスピリチュアリズムにも興味をもつジャーナリストが、ある日の交霊会で思念とインスピレーションの違いについて質問した。それについてシルバーバーチはこう答えた。

「物質の世界に住んでおられるあなた方はきわめて創造性の乏しい存在です。よくよくの例外を除いて、まず何も創造していないと言ってよろしい。受信局であると同時に発信局のような存在です。まず外部から思念が送られてくる。それがいったんあなたならあなたという受信局で受け止められ、それに何かが付加されて発信され、それを別の人が受信するという具合です。あなたに届いた時の思念と、あなたから発信される時の思念とはすでに同じではありません。あなたの個性によって波長が高められることもあり低くなることもあり、豊かになっていることもあり貧弱になっていることもあり、美しくなっていることもあり醜くなっていることもあり、新たに生命力を付加されていることもあり衰弱していることもあります。しかし、それとはまったく別に、霊的な波長の調整によってあなたと同じ波長をもつ霊からのインスピレーションを受けることもできます。人間が（あなた方の言い方で）死んで私たちの世界へ来ます。その時、（肉体は捨てても）精神と魂に宿されているものは何一つ失われません。それは霊的であり、無限であり、霊的にして無限なるものは絶対に無くならないからです。その魂と精神に宿された資質はその後も生長し、広がり、発達し、成熟していきます。そうした霊性を宿しているからこそ、こちらへ来てしばらくすると、地上の人間のために何か役立つことをしたいと思うようになるわけです。やがて自分と同質の人間を見出します。あるいは見出そうと努力しはじめます。

地上で詩人だった人は詩人を探すでしょう。音楽家だった人は音楽家を探すでしょう。そして死後に身につけたことの全てを惜しげもなく授けようとします。問題は波長の調整です。インスピレーションが一瞬の出来ごとでしかないのは、私たちの側が悪いのではありません。二つの世界の関係を支配している法則が完全に理解されれば――別の言い方をすれば、地上の人間が両界の自由な交信の障害となる偏見や迷信を取り除いてくれれば、無限の世界の叡智が人間を通してふんだんに流れ込むことでしょう。要は私たちの側から発信するものを受信する装置がなければならないこと、そしてその装置がどこまで高い波長の通信を受け取れるかということ、性能の問題です。すべてのインスピレーション、すべての叡智、すべての真理、すべての知識は、人間側の受信能力に掛かっております」

――それだけお聞きしてもまだ、なぜインスピレーションというものが一瞬のひらめきで伝わるのかがよく理解できません。

「その瞬間あなたの波長が整って通信網に反応するからです」と答えたあと、そういう思念が霊界からのものか地上の人間からのものかの区別の仕方について質問されて、こう述べた。

「両者をはっきりと線引きすることはとても困難です。思念には地上の人間の発したものが地上の他の人間によって受け取られることもありますが、霊界からのものもあります。思念はつねに循環しております。そのうちのある種のものが同質の性格の人に引き寄せられます。これはひっきりなしに行われていることです。しかし、インスピレーションは霊界の者がある種の共通の性質、関心、あるいは衝動を覚えて、自分がすでに成就したものを地上の人間に伝えようとする、はっきりとした目的意識をもった行為です。地上の音楽、詩、小説、絵画の多くは実質的には霊界で創作されたものです」

――祈りは叶えられるものでしょうか。

「叶えられる時もあります。祈りの中身と動機次第です。人間はとかく、そんな要求を叶えてあげたら本人の進歩の妨げになる、あるいは人生観をぶち壊してしまいかねない祈りをします。そもそも祈りとは人間が何かを要求してそれをわれわれが聞き、会議を開いて検討してイエスとかノーとかの返事を出すのとは違います。祈るということは、叶えられるべき要求が自動的に授かるような条件を整えるために自分自身の波長を高めて、少しでも高い界層との霊的な交わりを求める行為です」

――〝天才〟をどう説明されますか。

「まず理解していただきたいのは、大自然あるいは法則――どう呼ばれても構いませんが――は決して一本の真っすぐな線のように向上するようには出来ていないことです。さまざまな変異《バリエーション》、循環《サイクル》、あるいは螺旋《スパイラル》を画きながら進化しています。全体からみればアメーバから霊にいたる段階的進化がはっきりしておりますが、その中にあって時に一足跳びに進化するものと後退するものとが出てきます。先駆けと後戻りが常にあります。天才はその〝先駆け〟に当ります。これから何十世紀、何百世紀かのちには地上の全人類が、程度の差こそあれ、今の天才と同じ段階まで発達します。天才は言わば人類の進化の前衛です」

――現在地上で行われている進化論とだいぶ違うようですが……

「私の見解はどうしても地上の説とは違ってきます。霊の目をもって眺めるからです。地上的な視野で見ていないからです。皆さん方はどうしても物的観点から問題を考察せざるを得ません。物的世界に生活し、食糧だの衣服だの住居だのといった物的問題を抱えておられるからです。そうした日々の生活の本質そのものが、その身を置いている物的世界へ関心を向けさせるようになっているのです。日常の問題を永遠の視点から考えろと言われても、それは容易にできることではありません。が、私たちから見れば、あなた方も同じく霊的存在なのです。いつ果てるともない進化の道を歩む巡礼者である点は同じです。いま生活しておられるこの地上が永遠の住処《すみか》でないことは明白です。これから先の永遠の道程を思えば、地上生活などはほんの一瞬のできごとでしかありません。私たちの視界は焦点が広いのです。皆さんから受ける質問も霊的真理に照らしてお答えしております。その真理が人間生活においてどんな価値をもつか、どうやって他の同胞へ役立てるべきか、どんな役に立つか、そう考えながらです。これまで私は私の説く真理は単純素朴なものであること、唯一の宗教は人のために自分を役立てることであることを、皆さんもいい加減うんざりなさるのではないかと思うほど繰り返し述べてきました。私たちの真理の捉え方が地上の常識と違う以上、そうせざるを得ないからです。

大半の人間は地上だけが人間の住む世界だと考えています。現在の生活が人間生活のすべてであると思い込み、そこで物的なものを――いずれは残して死んでいかねばならないものなのに――せっせと蓄積しようとします。戦争、流血、悲劇、病気の数々も元はと言えば人間が今その時点において立派に霊的存在であること、つまり人間は肉体のみの存在ではないという生命の神秘を知らない人が多すぎるからです。人間は肉体を通して自我を表現している霊魂《スピリット》なのです。それが地上という物質の世界での生活を通して魂を生長させ発達させて、死後に始まる本来の霊の世界における生活に備えているのです」

このシルバーバーチの言葉がきっかけとなってサークルのメンバーの間で、〝進化〟についての議論にひとしきり花が咲いた。それを聞いていたシルバーバーチは、やおら次のように述べた。

「人間はすべて、宇宙の大霊の一部である――言いかえれば無限の創造活動の一翼を担っているということです。一人ひとりがその一分子として進化の法則の働きを決定づけているということです。霊としての真価を発揮していく階梯の一部を構成しているのです。霊は自我意識が発現しはじめた瞬間から存在し、その時点から霊的進化が始まったのです。身体的に見れば人類は、事実上、進化の頂点に達しました。が、霊的にはまだまだ先は延々と続きます」

別の交霊会に世界的に名の知れた小説家が出席した。(姓名は紹介されていない。手掛かりになるものも出てこない—訳者)シルバーバーチが出る前に地上で世界的に有名だった人物で今ではシルバーバーチ霊団のメンバーとして活躍している複数の霊がバーバネルの口を借りて挨拶し、それに応えてサークルのメンバーが挨拶している様子を見つめていた。(訳者注—シルバーバーチ霊団はシルバーバーチ自身がそうであるように地上時代の氏名は——無名だった人物を除いて——いっさい明かしていない。余計な先入観となるからであろう)その作家に対してシルバーバーチは「私にはあなたが今日はじめての人とは思えません。実質的に霊力に無縁の方ではないからです」とまず述べてから、こう続けた。

「あなたの場合は意識的に霊力を使っておられるのではありません。あなたご自身の内部で表現を求める叫び、使ってほしがる単語、言語で包んでほしがるアイディア、湧き出てあなたを包み込もうとする美、時として困惑させられる不思議な世界、そうしたものが存在することを知っている人間の持つ内的な天賦の才能です。違いますか」

――まったくおっしゃる通りです。

「しかし同時に、これは多くの方に申し上げていることですが、ふと思いに耽り、人生の背後で動めいているものに思いを馳せ、いかにして、なぜ、いずこへ、といった避け難い人生の問題に対する回答をみずから問うた時、宿命的といえる経緯《いきさつ》によって道が開けてきました。幼少の頃からそうであったはずですが、いかがですか」

――その通りです。

「私たちは、方法は何であれ、自分の住む世の中を豊かにし、美と喜びで満たし、いかなる形にせよ慰めをもたらす人を誇りをもって歓迎いたします。しかし、あなたにはこれまでなさったことより、はるかに立派なことがお出来になります。お判りでしょうか」

――ぜひ知りたいものです。

「でも、何となくお感じになっておられるのではありませんか」

――(力強い口調で)感じています。

ここでシルバーバーチはサークルの一人に向かって「この方は霊能をお持ちです」と言うと、そのメンバーも「そうですね。心霊眼をお持ちです」と答えた。するとシルバーバーチは、

「しかし、この方の霊能はまだ鍛練されておりません。純粋に生まれつきのものです」と述べてからその作家の方を向いて「あなたは蔭から指導している(複数の)霊の存在をご存知でない。あなたが感じておられるよりはるかに多く援助してくれているのですよ」

すると別のメンバーが「この方がこれからなさるべきことは何でしょう」と尋ねた。

「それは、これまでなさったことよりはるかに大きな仕事です。そのうち自然に発展していきます。が、すでにその雰囲気がこの方の存在に充満していますから、ご自分では気づいてお

られるはずです。じっとしていられないことがあるはずです。私の言わんとしていることはお判《わか》りでしょ?」と言ってその作家の方を向いた。

――非常によく分ります。

「次のことをよく理解しておいてください。他のすべての人間と同じく、あなたにも小さな身体に大きな魂を宿しておられるということです。どうもぎこちない、大ざっぱな言い方をしましたが、あなたという存在は肉体という、魂の媒体として痛ましいほど不適当な身体を通して表現せざるを得ないということです。あなたの真の自我、真の実在、不滅の存在であるところの魂に宿る全能力――芸術的素質、霊的能力、知的能力のすべてを顕現させるにつれて、それだけ身体による束縛から逃れることになります。魂そのものは本来は物質を超越した存在ですから、たとえ一時的には物質の中に閉じ込められても、そのうち鍛練や養成をしなくても、無意識のうちに物質を征服して優位を得ようとあらゆる手段を試みるようになります。それが今まさにあなたの身の上に起きつつあるわけです。インスピレーション、精神的活動、目に見えない側面のすべてが一気に束縛を押し破り、あなたの存在に流入し、充満し、あなたはそれに抗し切れなくなっておられる。私の言っていることがお分りでしょうね」

——非常によく分ります。

「しかし、同時にあなたは私たちの世界の存在によって援助されております。すでに肉体の束縛から解放された人たちです。その人たちは情愛によってあなたと結ばれております。愛こそ宇宙最大の絆なのです。愛は自然の成り行きで愛する者同士を結びつけ、いかなる者もいかなる力もいかなるエネルギーも、その愛を裂くことはできません。愛がもたらすことのできる豊かさと温《ぬく》もりのすべてを携えてあなたを愛している人たちは、肉体に宿るあなた自身には理解できない範囲であなたのためにいろいろと援助してくれております。が、それとは別に、そうした情愛、血縁、家族の絆で結ばれた人々よりは霊性においてはるかに偉大な霊が、共通の興味と共通の目的意識ゆえに魅かれて、あなたのために働いてくれております。今ここで簡単には説明できないほど援助してきており、このの ち、もしもその条件が整えば、存在をあなたに知らしめることにもなるでしょう」

――ぜひ知らせてほしいものです。それと、こうした背後霊の皆さんに私からの感謝の気持を伝えていただけますでしょうか。

「もう聞こえてますよ。今日私があなたにぜひ残していきたいのは、あなたのまわりに存在する霊力の身近かさの認識です。私は古い霊です。私にも為しうる仕事があることを知り、僅かですが私が摂取した知識が地上の人々のお役に立てばと思って、こうして戻ってまいりました。すでに大勢の友――その知識を広めるために私の手足となってくれる同僚をたくさん見つけております。私の大の友人パリッシュ（心霊治療家で、その日の交霊会にも出席していた）のように特殊な使命を帯び、犠牲と奉仕の記念碑を打ち立てている者もいます。しかし、すべての友が自分が利用されていることを意識しているわけではありません。でも、そんな人たちでも時たま、ほんの瞬間にすぎませんが、何とも言えない内的な高揚を覚え、何か崇高な目的の成就のために自分も一翼を担っていることを自覚することがあるものです」

十章　前世・現世・来世

ある日の交霊会に米国人ジャーナリストが招かれた。そして最初に出した質問が「霊界というのはどんなところでしょうか」という、きわめて基本的な質問だった。そのときレギュラーメンバーの一人が「この方は心霊研究家とお呼びしてもよいほどの方ですよ」と言ったことが、次のようなユーモラスな答えを誘い出すことになった。(訳者注――ここでは心霊学に詳しい方という程度の意味で言ったのであるが、その心霊学が〝心霊現象の科学的研究〟を目的としているだけで、霊魂の存在も幾つかの学説の中の一つとして扱われているだけである。その点を念頭においてシルバーバーチがその〝学説〟を並べ立てて皮肉っぽく答えているところがユーモラスである)

「私は地上の人たちから〝死んだ〟と思われている者の一人です。存在しないことになっているのです。私は本日ここにお集まりの方々による集団的幻影にすぎません。私は霊媒の潜在意識の産物です。私は霊媒の第二人格であり、二重人格であり、多重人格であり、分離人格です。これらの心霊用語のどれをお使いになっても結構ですが、私もあなたと同じ一個の人間です。ただ私は今あなたが使っておられる肉体をずいぶん前に棄ててしまいました。あなたと私の根本的な違いはそれだけです。あなたは物的身体を通して自分を表現しているスピリットであり、私は霊的身体を通して表現しているスピリットであるということです。

私はほぼ三千年前に霊の世界へ来ました。つまり三千年前に〝死んだ〟のです。三千年というとあなたには大変な年数のように思われるかも知れませんが、永遠の時の流れを考えると僅かなものです。その間に私も少しばかり勉強しました。霊の世界へ来て神からの授かりものである資質を発揮していくと、地上と同じ進化の法則に従って進歩していきます。つまり霊的な界層を一段また一段と向上していきます。界層という言い方をしましたが、一つ一つが仕切られているわけではありません。霊的な程度の差があり、それぞれの段階にはその環境条件にふさわしい者が存在するということです。霊的に向上進化すると、それまでの界層を後にして次の一段と高い界層へ融《と》け込んでいきます。それは階段が限りなく続く長い長い一本の梯子《はしご》のようなものです。

そう考えていけば、何百年、あるいは何千年か後には物質界から遠く離れていき、二度と接触する気持が起きなくなる段階に至ることは、あなたにも理解できるでしょう。所詮、地上というところはたいして魅力ある世界ではないのです。地上の住民から発せられる思念が充満している大気にはおよそ崇高なものは見られません。腐敗と堕落の雰囲気が大半を占めておりま す。人間生活全体を暗い影がおおい、霊の光が届くのはほんの少数の人にかぎられておりま す。一度あなたも私と同じように、経済問題の生じない世界、お金が何の価値もない世界、物的財産が何の役にも立たない世界、各自が有るがままの姿をさらされる世界、唯一の富が霊的な豊かさである世界、唯一の所有物が個性の強さである世界、生存競争も略奪も既得権力も無く、弱者が窮地に追いやられることもなく、内在する霊的能力がそれまでいかに居睡りをしていても存分に発揮されるようになる世界に一度住まわれたら、地上という世界がいかにむさ苦しく、いかに魅力に乏しい世界であるかがお判りになると思います。その地上世界を何とかしなければならない——私のようにまだ地上圏へ戻ることのできる程度のスピリットが援助し、これまでに身につけた霊的法則についての知識を幾らかでも教えてあげる必要があることを、私は他の幾人かの仲間とともに聞かされたのです。人生に迷い、生きることに疲れ果てている人類に進むべき方向を示唆し、魂を鼓舞し、悪戦苦闘している難問への解決策を見出させるにはそれしかないということを聞かされたのです。

同時に私たちは、そのために必要とする力、人類の魂を鼓舞するための霊力を授けてくださることも聞かされました。しかし又、それが大変な難事業であること、この仕事を快《よ》く思わぬ連中、それも宗教的組織の、そのまた高い地位にある者による反抗に遭遇するであろうことも言い聞かされました。悪魔の密使と見なされ、人類を邪悪の道へ誘い、迷い込ませんとする悪霊であると決めつけられるであろうとの警告も受けました。要するに私たちの仕事は容易ならざる大事業であること、そして（ついでに付け加えさせていただけば）その成就のためには、それまでの永い年月の中で体験してきた霊界生活での喜びも美しさも、すべてお預けにされることになるということでした。しかし、そう言い聞かされた私たちのうちの誰一人としてそれを断わった者はいませんでした。かくして私は他の仲間とともに地上へ戻ってまいりました。地上へ再生するのではありません。地上世界の圏内で仕事をするためです。

地上圏へ来てまず第一にやらねばならなかったのは霊媒を探すことでした。これはどの霊団にとっても一ばん骨の折れる仕事です。次に、あなた方の言語（英語）を勉強し、生活習慣も知らねばなりませんでした。あなた方の文明も理解する必要がありました。

次の段階ではこの霊媒の使用法を練習しなければなりませんでした。この霊媒の口を借りて幾つかの訓え——誰にでも分る簡単なもので、従ってみんなが理解してくれれば地上が一変するはずの真理を説くためです。同時に私は、そうやって地上圏で働きながらも常に私を派遣した高級霊たちとの連絡を保ち、より立派な叡智、より立派な知識、より立派な情報を私が代弁してあげなければなりませんでした。初めのころは大いに苦労しました。今でも決してラクではありませんが……。そのうち私の働きかけに同調してくれる者が次第に増えてまいりました。すべての人が同調してくれたわけではありません。居睡りしたままの方を好む者も大勢いました。自分で築いた小さな牢獄にいる方を好む者もいました。その方が安全だったわけです。自由に解放されたあとのことを恐れたのです。が、そうした中にも、そここで分ってくれる人も見出しました。私からの御利益は何もありません。ただ真理と理性と常識と素朴さ、それに、近づいてくれる人のためをのみ考える、かなり年季の入った先輩霊としての真心をお持ちしただけです。

それ以来私たちの仕事は順調に運び、多くの人々の魂に感動を与えてまいりました。無知の暗闇から脱け出た人が大勢います。迷信の霧の中からみずからの力で這い出た人が大勢います。自由の旗印のもとに喜んで馳せ参じた人が大勢います。死の目的と生の意味を理解することによって二度と涙を流さなくなった人が大勢います」

——魂は母体に宿った時から存在が始まるのでしょうか。それともそれ以前にも存在(前世)があるのでしょうか。

「これは又、ややこしい問題に触れる質問をしてくださいました。私は自分はこう思うということしか述べるわけにはまいりません。私はつねに理性と思慮分別に訴えております。いつも申し上げていることですが、もしも私の述べることがあなたの理性を反撥させ、知性を侮辱し、そんなことは認められないとおっしゃるのであれば、どうぞ捨て去っていただきたい。拒絶していただいて結構です。拒絶されたからといって私は少しも気を悪くすることはありません。腹も立ちません。愛の気持は変りません。ここにおいでのスワッハーも相変らず考えを変えようとしない者の一人です。他の者はみな私の口車にのって前生の存在を信じるようになった（と思っている）のですが……私の知るかぎりを言えば、前世はあります。つまり生まれ変りはあるということで、その多くは、はっきりとした目的をもった自発的なものです」

これを聞いたスワッハーが「私は再生の事実を否定したことはありませんよ。私はただ魂の成長にとって再生が必須であるという意見に反対しているだけです」と不服そうに言うと、

「それはうれしいことを聞きました。あなたも私の味方というわけですな、全面的ではなくても」と皮肉っぽく言う。

するとスワッハーは「あなたは私も今生《こんじょう》に再生してきているとおっしゃったことがあるじゃないですか。私はただ再生に法則は無いと言っているだけです」と言う。するとシルバーバーチが穏やかにそれを否定して言う。

「何かが発生するとき、それは必ず法則に従っております。自発的な再生であっても法則が

あるからこそ可能なのです。ここに言う法則とは地上への再生を支配する法則のことです。この全大宇宙に存在するものは、いかに小さなものでも、いかに大きなものでも、すべて法則によって支配されているというのが私の持論です」

ここで米人ジャーナリストが関連質問をした――「人間にとって〝時間〟が理解しにくいということが再生問題を理解しにくくしているというのは事実でしょうか」

「例によって私なりの観点からご説明しましょう。実はあなたはあなたご自身をご存知ないのです。あなたには物質界へ一度も顔を出したことのない側面があるのですが、それをあなたはお気づきになりません。物的身体を通して知覚したごくごく小さな一部分しか意識しておられませんが、本当のあなたはその身体を通して顕現しているものよりははるかに大きいのです。ご存知のとおりあなたはその身体そのものではない。あなたは身体を具えた霊であって、霊を具えた身体ではない。その証拠に、あなたの意識はその身体を離れて存在することができます。たとえば睡眠中がそうです。しかし、その間の記憶は物的脳髄の限界のために感識されません。

結局あなたに感識できる自我は物質界に顕現している部分だけということになります。他の、より大きい部分は、それなりの開発の過程をへて意識できるようにならないかぎり、ごく稀れに、特殊な体験の際に瞬間的に顔をのぞかせるだけです。しかし一般的に言えば大部分の人間は死のベールをくぐり抜けてはじめて真の自分を知ることになります。以上があなたのご質問に対する私なりの回答です。今あなたが物的脳髄を通して表現しておられる意識は、それなりの開発法を講ずるか、それともその身体を棄て去るかのいずれかがないかぎり、より真実に近いあなたを認識することはできません」

――この地上にはあなたの世界に存在しない邪悪なものがあふれているとおっしゃいますが、なぜ地上にはそうした邪と悪とが存在するのでしょうか。

「権力の座にある者の我がままが原因となって生じる悪――私は無明《むみょう》という言葉の方が好きですが――そして邪、それと、人類の進化の未熟さゆえに生じる悪と邪とは、はっきり区別する必要があります。地上の邪と悪には貧民街《スラム》ができるような社会体制の方が得をする者たち、儲けることしか考えない者たち、私腹を肥やすためには同胞がどうなろうと構わない者たち、こうした現体制下の受益者層の存在が原因となって発生しているものが実に多いことを知らなければなりません。悪の原因にはそうした卑劣な人種がのめり込んでしまった薄汚い社会環境があるのです。

しかし一方において忘れてならないことは、人間は無限の可能性を秘めていること、人生はつねに暗黒から光明へ、下層から上層へ、弱小から強大へ向けての闘争であり、進化の道程を人間の霊は絶え間なく向上していくものであるということです。もし闘争もなく、困難もなければ、霊にとって征服すべきものが何もないことになります。人間には神の無限の属性が宿されてはいますが、それが発揮されるのは努力による開発を通してしかありません。その開発の過程は黄金の採取と同じです。粉砕し、精錬し、磨き上げなければなりません。地上もいつかは邪悪の要素が大幅に取り除かれる時が来るでしょう。しかし、改善の可能性が無くなる段階は決して来ません。なぜなら人間は内的神性を自覚すればするほど昨日の水準では満足できなくなり、明日の水準を一段高いところにセットするようになるものだからです」

――隣人を愛すべしとの黄金律（※）と適者生存の法則とは時として矛盾することがあるように思えるのですが……（※ The Golden Rule キリストの山上の垂訓の一つで、自分が人からしてもらいたいと思う通りを人にもしてあげなさいということ。マタイ7・12―訳者）

「私は進化の法則を、無慈悲な者ほど生き残るという意味での適者生存と解釈することには賛成できません。適者生存の本当の意味は生き残るための適応性をもつ者が存続していくということです。言いかえれば存続するための適性を発揮した者が存続するということです。そして注目していただきたいことは、生き残っている動物を観察してみると、それが生き残れたのは残虐性のせいでもなく、適者だったからでもなく、進化の法則に順応したからであることが明らかなことです。もし適者のみが生き残ったとすると、なぜ有史以前の動物は死滅したかという疑問が生じます。その当時は最も強い生物だったはずですが、生き残りませんでした。進化の法則とは生長の法則の一つです。ひたすらに発展していくという法則です。他の生命との協調、互助の法則です。つまるところ黄金律に帰着します」

続いて〝偶然〟の要素について質問されて――

「世の中が偶然によって動かされることはありません。どちらを向いても――天体望遠鏡で広大な星雲の世界を覗いても、顕微鏡で極小の生物を検査しても、そこには必ず不変不滅の自然法則が存在します。あなたも偶然に生まれてきたのではありません。原因と結果の法則が途切れることなく繰り返されている整然とした宇宙には、偶然の入る余地はありません。全生命を創造した力はその支配のために規則ないし法則を用意したのです。その背景としての叡智においても機構においても完璧です。その法則は霊的なものです。すべての生命は霊だからです。生命が維持されるのはその本質が物質でなく霊だからです。霊は生命であり生命は霊です。生命が意識をもった形態をとる時、そこには個としての霊が存在します。そこが下等動物と異なるところです。人間は個別化された霊、つまり大霊の一部なのです。

人生には個人としての生活、家族としての生活、国民としての生活、世界の一員としての生活があり、摂理に順応したり逆らったりしながら生きております。逆らえば暗黒と病気と困難と混乱と破産と悲劇と流血が生じます。順応した生活を送れば叡智と知識と理解力と真実と正義と公正と平和がもたらされます。それが黄金律の真意です。

人間はロボットではありません。一定の枠組みの中での自由意志が与えられているのです。しかし決断は自分で下さなければなりません。個人の場合でも国家の場合でも同じです。摂理に叶った生き方をしている人、黄金律を生活の規範として生きている人は、大自然から、そして宇宙から、良い報いを受けます」

続いて〝汝の敵〟に対する態度のあり方をこう説く。

「私にとってはどの人間もみな〝肉体を具えた霊魂《スピリット》〟です。私の目にはドイツ人もイギリス人もアメリカ人もありません。みなスピリットであり、大霊の一部であり、神の子供です。時にはやむを得ず対症療法として罰を与えねばならないこともあるかも知れませんが、すでに述べた通り、新しい世界は憎しみや復讐心からは生まれません。すべての人類のためを思う願望からしか生まれません。復讐を叫ぶ者——目には目を、歯には歯をの考えをもつ者は、将来の戦争のタネを蒔いていることになります。すべての人間に生きる場が与えられております。理性と常識によって問題を解決していけば、すべての者に必要なものが行きわたるはずです。こういう説明よりほかに分りやすい説明が見当りません。あなたの国（米国）はなぜあの短い期間にあれだけの進歩を為しとげたか。それは一語に尽きます——寛容心です。英国が永い歴史の中で発展してきたのも寛容心があったからこそです。米国は人種の問題、国籍の問題、宗教の問題を解決してきました。黒人問題もほぼ解決しました。その歴史を通じて全ての人種にそれぞれの存在価値があること、人種が増えるということは、いずれは優れた国民を生むことになることを学んできました。

今あなた方の国が体験していることは、やがて世界全体が体験することになります。米国は世界問題解決のミニチュア版のようなものです。例えばあなたの存在を分析してみても遺伝的要素の一つ一つは確認できないでしょう。それと同じで、米国は雑多な人種から構成されておりますが、その一つ一つがみな存在意識をもっており、雑多であるがゆえに粗末になるということはありません。逆に豊かさを増すのです。成長の途上においては新しい要素の付加と蓄積がひっきりなしに行われ、その結果として最良のものが出来あがります。それは、自然というものが新しい力、新しい要素の絶え間ない付加によって繁栄しているものだからです。限りない変化が最高の性質を生むのです。大自然の営みは一ときの休む間もない行進です」

その日のもう一人の招待客にポーランドの役人がいた。そしてまず最初に次のような質問をした。

——霊界の美を味わうことができるのは地上界で美を味わうことができた者だけというのは本当でしょうか。

「そんなことはありません。それでは不公平でしょう。地上では真の美的観賞力を養成する教育施設がないのですから、数知れぬ人々が美を味わえないことになります。霊の世界は償いの世界であると同時に埋め合わせの世界でもあります。地上世界では得られなかったものが補われてバランスを取り戻すのです」

これを聞いて別のメンバーが「今の質問の背景には人間が死ぬ時はこの世で培《つちか》った資質を携えていくという事実があるように思うのですが」と述べると、シルバーバーチは――

「地上の人間は無限の精神のほんの一部を表現しているにすぎないことを銘記しないといけません。精神にはわずかに五つの窓があるだけです。それも至ってお粗末です。肉体から解放されると一段と表現の範囲が大きくなります。精神が本領を発揮しはじめます。自我の表現機関の性能がよくなるからです。霊界にはあらゆる美が存在しますが、それを味わう能力は霊性の発達の程度いかんに掛かっています。たとえば二人の人間に同じ光景を見せても、一人はその中に豊かさと驚異を発見し、もう一人は何も発見しないということも有りえます。それにもう一つ別の種類の美――魂の美、精神の美、霊の美があり、そこから永遠不滅のものの有する喜びを味わうことができます。充実した精神――思考力に富み、内省的で、人生の奥義を理解できる精神には一種の気高さと美しさがあります。それは、その種のものとは縁遠い人、従って説明しようにも説明できない者には見られないものです」

――美の観賞力を養う最良の方法は何でしょうか。

「大体において個人の霊的発達の問題です。適切な教育施設がすべての人に利用できることを前提として言えば、美を求める心は魂の発達とともに自然に芽生えてくるものです。価値観が高まれば高まるほど、精神が成長すればするほど、醜い卑劣な環境に不満を覚えるようになります。波長が合わなくなるからです。自分の置かれた環境を美しくしたいと思いはじめたら、それが進化と成長の最初の兆しと思ってよろしい。地上界をより美しくしようとする人間の努力は、魂が成長していく無意識の表われです。それは同時に無限の宇宙の創造活動へ寄与していることでもあります。神は人間にあらゆる材料を提供しています。その多くは未完の状態のままです。そして地上のすみずみにまで美をもたらすには、魂、精神、理性、知性、成長度のすべてを注ぎ込まねばなりません。

最後はかならず個人単位の問題であり、その成長度に帰着します。開発すればするほど、進化すればするほど、それだけ内部の神性を発揮させることになり、それだけいっそう美を求めることになります。私がいつも霊的知識のもつ道徳的ないし倫理的価値を強調するのはそのためです。スラム街があってはならないのは、神性を宿す者がそんな不潔な環境に住まうべきではないからです。飢餓がいけないのは、神性を宿す肉体が飢えに苦しむようであってはならないからです。すべての悪がいけないのは、それが内部の神性の発現を妨げるからです。真の美は物質的、精神的、そして霊的のすべての面において真の調和が行きわたることを意味します」

——美的観念を人々の心に植えつけるにはどうしたらよいでしょうか。

「個々の魂が成長しようとすることが必須条件です。外部からありとあらゆる条件を整えてやっても、本人の魂が成長を望まなければ、あなたには為す術《すべ》がありません。ですから、あなたに出来ることは霊的知識を広めること、これだけです。正しい知識を広めることによって無知を無くし、頑迷な信仰を無くし、偏見を無くしていくことです。とにかく知識のタネを蒔くのです。時にはそれが石ころだらけの土地に落ちることもあるでしょう。が、根づきやすい土地も方々にあるものです。蒔いたタネはきっと芽を出します。われわれの仕事は真理の光を可能なかぎり広く行きわたらせることです。その光は徐々に世界中を広く照らし、人間が自分たちの環境を大霊の分子すなわち神の子が住まうに相応しいものにしようと望めば、迷信という名の暗闇に属するものすべて、醜さと卑劣さを生み出すものすべてが改善されていくことでしょう」

十一章　霊と意識の起原

――霊の力とはどんなものでしょうか。

「人間によって認識されている如何なるものさしにもかからないものです。長さもなく、幅もなく、高さもなく、重さも色も容積も味も臭いもありません。ですから、常識的な地上の計量法でいけば霊力というものは存在しないことになります。つまり実在とは人間のお粗末な五つの感覚で捉えられるものと決めてかかっている唯物的自然科学者にとっては、霊力は存在しないことになります。しかし愛は目に見えず耳にも聞こえず、色もなく味もなく寸法もないのに、立派に実感があります。それは深い愛の感動を体験した者が証言してくれます。たしかに愛の力は強烈です。しかし霊の力はそれよりも無限大に強烈です。

あなた方が生き、呼吸し、考え、反省し、判断し、決断を下し、あれこれと思いをめぐらすのも霊の力があればこそです。物を見、音を聞き、動きまわり、考え、言葉をしゃべるのも霊の力があればこそです。あなた方の行動のすべて、あなた方の存在のすべては霊の力のおかげです。物質界のすべて、そしてその肉体も、生命力にあふれた霊力の流入によって存在と目的と指針と生活を与えられているのです。物質界のどこを探しても意識の秘密は見つかりません。科学者、化学者、医学者がいくら努力してみたところで、生命の根源は解明されません。

それは物質そのものの中には存在しないからです。物質はそれが一時的に借りている宿にすぎません。

霊の力はあなた方が神と呼んでいるものそのものなのです。もっとも〝神〟というものを正しく理解していただけないかも知れませんし、誤解してその意を限定してしまっておられるかも知れません。ともかくその霊力が曽て火の固まりであったものに今日見るがごとき生命を吹き込んだのです。その霊が土塊《つちくれ》から身体をこしらえて、それに生命を吹き込んだのです。魂がまとう衣服です。地上のあらゆる生命を創造し、自然界のあらゆる動き、あらゆる変化を支配し、四季を調節し、一粒の種子、一本の植物、一輪の花、一本の樹木の生長まで関与している力、要するに千変万化の進化の機構に全責任を負っているのが霊の力です。

それが強大であるゆえんは、物質界に限られていないことにあります。すなわち無数の物的現象を通じて絶え間なく働いているだけでなく、見えざる世界の霊的活動のすべて、今のあなた方には到底その存在を知ることの出来ない幾重にもつながった高い界層、そしてそこで展開するこれ又あなた方の想像を絶した光輝あふれる生命現象までも、その霊力が支配しているのです。しかし、いかに強大であっても、あるいは又いかにその活動が驚異的であるといっても、それにも制約があります。すなわち、それが顕現するにはそれに適した器、道具、媒体、通路、霊媒――どうお呼びになっても構いません――そうしたものが無ければならないということです。ことです。壮大な霊の流れも、そうしたものによる制約を受けるのです。地上にどの程度のものが流れ込むかは人間側が決定づけるということです。

私がいつも、心配の念を追い払いなさい、自信を持ちなさい、堅忍不抜の精神で生きなさい、神は絶対にお見捨てにならないから、と申し上げてきたのは、そうした雰囲気、そうした条件のもとでこそ霊力が働きやすいからです。地上的な力はいつかは衰え、朽ちます。人間が築く王国は儚《はかな》いものです。今日は高い地位にいても明日は転落するかも知れません。しかし霊の王国はけっして滅びることはありません。霊の尊厳は不変です。神の力はけっして衰えません。しかしその働きの程度を決定づけるのはあなた方であり、現に決定づけております。

スピリチュアリズムを少しばかりかじった人は、よく、なぜ霊界のほうからこうしてくれないのか、ああしてくれないのかと文句を言うようですが、実際にはそう言う人ほど、霊界からそうしてあげるための条件を整えてくれないものです。この苦悩に満ちた世界、暗闇と不安におおわれた世界にあって、どうか皆さんは灯台の光となっていただきたい。あなた方の自信に満ちた生きざまを見て人々が近づき、苦悩のさなかにおける憩の場、聖域、波静かな港を発見することが出来るようにしてあげていただきたい。皆さんはそういう人たちの心の嵐を鎮め、魂に静寂を取り戻してあげる霊力をお持ちになっています」

――霊はいつ肉体に宿るのでしょうか。

「霊としてのあなたは無始無終の存在です。なぜなら霊は生命を構成するものそのものであり、生命は霊を構成するものそのものだからです。あなたという存在は常にありました。生命力そのものである宇宙の大霊の一部である以上、あなたには始まりというものはありませんが、個体として、他と区別された意識ある存在としては、その無始無終の生命の流れの中のどこかで始まりをもつことになります。受胎作用は精子と卵子とが結合して、生命力の一分子が自我を表現するための媒体を提供することです。生命力はその媒体が与えられるまでは顕現されません。それを地上の両親が提供してくれるわけです。精子と卵子が合体して新たな結合体を作ると、小さな霊の分子が自然の法則に従ってその結合体と融合し、かくして物質の世界での顕現を開始します。私の考えでは、その時点が意識の始まりです。その瞬間から意識をもつ個体としての生活が始まるのです。それ以後は永遠に個性を具えた存在を維持します」

――何の罪もないのに無邪気な赤ん坊が遺伝性疾患や性病その他の病を背負ってこの世に生まれてきます。これは公平とは思えません。子供には何の罪もないのですから。この問題をどうお考えでしょうか。

「不公平を口にされるのは問題を肉体の問題としてだけ、つまり物質界のみの問題としてお考えになり、無限の生命の観点からお考えにならないからです。霊そのものは性病なんかには罹りません。霊は不具になったり奇形になったりはしません。両親の遺伝的特質や後天的性格を受け継ぐことはありません。それは霊が自我を表現する媒体であるところの肉体に影響を及ぼすことはあっても、霊そのものを変えることはありません。確かに地上的観点から、つまり物質的観点からのみ人生を見れば、病弱なからだを持って生まれた人は健全なからだをもって生まれた人よりも物的には不幸の要素が多いと言えますが、その意見は霊には当てはまりません。からだが病的だから霊も気の毒で、からだが健全だから霊も豊かであるという方程式は成り立ちません。実際にはむしろ宿命的な進化のための備えとして多くの痛みや苦しみを味わうことによって霊が豊かになるということの方が正しいのです」

――では、この世をより良くしようとする衝動はどこから出て来るのでしょうか。

「帰するところ神がその無限の創造事業への参加者としての人間に与えた自由意志から出ています」

――物的な苦痛によって霊が進歩するのであれば、なぜその苦痛を無くする必要があるのでしょうか。

「私はそのような説き方はしておりません。私がその事実を引き合いに出したのは、人生には寸分の狂いもなしに埋め合わせの原理が働いていることを指摘するためです。ここに二人の人間がいて、一人は五体満足でもう一人はどこかに障害があるとした場合、後者は死後も永遠にその障害を抱えていくわけではないと言っているのです。要するに肉体の健康状態がそのまま霊の状態を表わすのではないことをお教えしようとしているまでです。霊には霊としての辿るべき進化の道程があります。その霊がいかなる身体に宿っても、かならず埋め合わせと償いの法則が付いてまわります」

――でも、やはり身体は何の障害もない状態で生まれるのが望ましいのではないでしょうか。

「もちろんです。（同じ意味で）地上にスラム街が無い方が良いに決まっています。しかし、そのスラム街をこしらえるのも地上天国をこしらえるのも、結局は同じ自由意志の問題に帰着します。人間に自由意志がある以上、それを正しく使うこともあれば誤って使うことがあるのは当然です」

――でも、不幸が霊のためになると知ったら、地上をより良くしようとする意欲を殺《そ》がれる人もいるのではないでしょうか。

「地上の出来ごとで埋め合わせのないものは何一つありません。もしも神の働きが妨害されて、当然報われるべき行為が報われずに終ることがあるとすれば、これは神の公正を嘲笑《あざわら》う深刻な事態となります。私が指摘しているのは、埋め合わせの原理が厳として存在すること、そして進化の法則に逆らった行為を犯しながら神の摂理とは別の結果が出るようにいくら望んでみたところで、神の計画は少しもごまかされないということです。

しかし同時に次の事実も知っておく必要があります。すなわち、たとえ現代の地上の不幸の原因がすっかり取り除かれたとしても、人間はまたみずからの自由意志によって、みずからの複雑な文明の中からさらに新たな不幸を生じさせる原因を生み出していくということです。所詮、人生は完全へ向けての無限の階段の連続です。一段一段、みずからの力で向上して行かねばなりません。しかも、いつかは最後の一段に辿り着くと思ってはいけません」（訳者注―質問と答えに少しズレが見られるが、このあともう一度同じ内容の質問が出る）

――肉体の病気は霊的な進化を促進するかも知れませんが、同時にその逆もあり得る、つまり性格を損ねることもあるでしょう。

「損ねることもあるし損ねないこともあります。どちらのケースもあります。病気になるのは摂理に反したことをするからです」

――ではあなたは病気または病気に相当するものは絶対不可欠のものとおっしゃるわけですね。

「いえ、私は病気に相当するものとは言っておりません。何らかの〝苦〟に相当するものです。人間に自由意志がある以上、選択の仕方によって楽しい体験となったり苦しい体験となったりするのは当然でしょう」

――それは分ります。苦しみを味わわなければ幸福も味わえないからです。が、どうも私には、もしもあなたがおっしゃるように、こういうことがあれば必ずこういう埋め合わせがあるというのが事実であれば、世の中を良くしようとして苦労する必要は無さそうに思えるのですが……

「人間に選択の自由があるのに、ほかにどうあって欲しいとおっしゃるのでしょうか」

――私はこの度の戦争のことはさて措《お》いて、今日の世界は三百年前よりはずっと幸せな世の中になっていると思うのです。世界中ほとんどの国が、戦争はあっても、やはり幸せな世の中となっております。

「おっしゃる通りですが、それが私の言うこととどう矛盾するのでしょう」

――われわれ人間は（取り立てて人のためと説かれなくても）常に世の中を良くしてきているということです。

「でもそれは、世の中を良くしたいという願望に燃えた人がいたからこそですよ。魂に宿された神性が自然な発露を求めた人たちです。神の一部だからこそです。かりに今日要求したことが明日、法の改正によって叶えられても、明日はまた不満が出ます。進化を求めてじっとしていられない魂が不満を覚えるのです。それは自然の成り行きです。魂が無意識のうちにより完全へ近づこうとするからです。今日の地上の不幸はその大半が自由意志による選択を間違えたことに起因しています。それには必ず照合がなされ、さらに再照合がなされます。そうすることで進歩したり退歩したりします。そうした進歩と退歩の繰り返しの中にも少しずつ向上進化が為されております。先んずる者もあれば後れを取る者もあります。先を行っている者が後れている者の手を取って引き上げてやり、後れている者が先を行きすぎている者にとって適当な抑制措置となったりしています。そうやって絶え間なく完成へ向けての努力が為されているわけです。が、その間の人生のあらゆる悲劇や不幸にはかならず埋め合わせの原理が働いていることを忘れてはなりません」

――改めるべきことが山ほどありますね。

「あなた方は自由主義を誇りにしておられますが、現実には少しも自由とはいえない人々が無数におります。有色人種をごらんなさい。世界中のどの国よりも寛容心を大切にしているあなた方の国においてすら、劣等民族としての扱いを受けております。私がいつも、これで良いと思ってはいけない、と申し上げる理由はそこにあります。世の中はいくらでも明るく、いくらでも清らかに、そしていくらでも幸せになるものなのです」

――葛藤《かっとう》や苦悩が霊的進化にとって不可欠なら、それは霊界においても必要なのではないでしょうか。なのに、あなたはそちらには悪と邪の要素が無いようにおっしゃってます。

「ご質問者は私の申し上げたことを正しく理解していらっしゃらないようです。私は邪と悪には二種類ある――この〝悪〟という言葉は嫌いなのですが――すなわち既得権に安住している利己主義者によって生み出されているものと、人類の未熟さから生まれるものとがあると申し上げたつもりです。私たちの世界には邪悪なものは存在しません。もちろん死後の世界でもずっと低い界層へ行けば、霊性があまりに貧弱で環境の美を増すようなものを何も持ち合わせない者の住む世界があります。が、そうした佗しい世界を例外として、こちらの世界には邪悪なものは存在しません。邪悪なものを生み出す原因となるものが取り除かれているからです。そして、各自が霊的発達と成長と進化にとって、適切かつ必要なことに心ゆくまで従事しております。

葛藤《かっとう》や苦悩はいつになっても絶えることはありません。もっともその意味が問題ですが…地上では人間を支配しようとする二つの力の間で絶え間ない葛藤があります。一つは動物的先祖とでもいうべきもの、つまり身体的進化に属する獣的性質と、神性を帯びた霊、つまり無限の創造の可能性を付与してくれた神の息吹きです。その両者のどちらが優位を占め維持するかは、地上生活での絶え間ない葛藤の中で自由意志によって選択することです。私たちの世界へ来てからも葛藤はあります。それは低い霊性の欠点を克服し、高い霊性を発揮しようとする絶え間ない努力という意味です。完全へ向けての努力、光明へ向けての努力というわけです。その奮闘の中で不純なものが捨て去られ、強化と精練と試練をへてようやく霊の純金が姿を現わします。私たちの世界にも悩みはあります。しかしそれは魂が自分の進歩に不満を覚えたことの表われであって、ほんの一時のことにすぎません。完成へ向けての長い行進の中での短い調整期間のようなものです」

——でも、葛藤と進歩、それに努力の必要性はつねにあるわけでしょう。

「おっしゃる通りです。だからこそ私はさきほど言葉の解釈の仕方が問題だと申し上げたのです。自然界の常として、より高いものがより低いものを無くそうとします。それは当然のことで、そうでなかったら進化というものが真実でなくなります。人間は低い段階から高い段階へ向けて成長しようとする進化性をもった存在です。進化するためには光明へ向けての絶え間ない葛藤がなければなりません。その場合の葛藤は成長のための必須の過程の一つであるわけです。さきほど私が言いたかったのは、地上には不必要な葛藤、無益な努力が多すぎるということです。それは自由意志の使用を過って、薄汚い知恵、病気、スラム街といった、あってはならない環境を生み、それが霊界からの働きかけをますます困難にしているのです」

十二章　神とは

ある日、交霊界が始まる前に、メンバーの間でキリスト教についての議論があり、その中でキリスト教の牧師には神とは何かの説明できる人がいないことが指摘された。やがて出現したシルバーバーチは冒頭の祈りの中で神の説明をした。それは明らかにメンバーの議論を踏まえたものだった。（訳者注―シルバーバーチには冒頭の祈りInvocationと終結の祈りBenediction とがある。前者は会の成功のための神の御加護を求めるものであり、後者は感謝と讃仰の祈りである）

「神よ、あなたは一体どなたに御《おわ》し、いかなるお方に御《おわ》すのでしょうか。いかなる属性をお具えなのでしょうか。

私たち（霊界の者）はあなたを完璧なる摂理の働きであると説いております。たとえば宇宙に目を向けさせ、その構想の完璧さ、その組織の完璧さ、その経綸の完璧さを指摘いたします。そしてその完璧な宇宙の姿こそあなたの御業の鑑であり、あなたこそ宇宙の全生命を創造し給いし無限の心であると説いております。

私たちには自然界の一つ一つの相、一つ一つの生命、一つ一つの草花、一つ一つのせせらぎ、小川、海、大洋、一つ一つの丘そして山、一つ一つの恒星と惑星、一つ一つの動物、一人一人の人間の目に向けさせ、そのすべてがあなたの無限なる根源的摂理によって規制され支配されていると説きます。

私たちは宇宙間のすべての現象がその根源的摂理から派生したさまざまな次元での一連の法則によって支配され、かくしてその働きの完璧性が保たれているのであると認識している者でございます。

そのあなたには特別の寵愛者など一人もいないことを信じます。不偏不党であられると信じます。あなたのことを独裁者的で嫉妬心をもつ残忍なる暴君のごとく画いてきたこれまでの概念は誤りであると信じます。なぜなら、そのような人間的属性は無限なる神の概念にそぐわぬからでございます。

これまで私たちは地上とは別個の世界においても同じあなたの摂理の働きを見出し、そしてそれがいついかなる時も寸分の狂いもないことを確認したが故にこそ、その摂理とそれを生み出された心に満腔の敬意を捧げ、その働きのすべて――物的、精神的、そして霊的な働きのすべてを説き明かさんと努めております。なかんずく霊的なものを最も重要なものとして説くものです。なぜなら、すべての実在、すべての生命の根源は霊的世界にあるからでございます。

あなたの子等のすべてがあなたの摂理を理解し、その摂理に従って生活を営むようになれば、すべての悲劇、すべての暗黒、すべての苦悩、すべての残虐行為、すべての憎悪、すべての戦争、すべての流血行為が地上から駆逐され、人間は平和と親善と愛の中で暮らすことになるものと信じます。

ここに、ひたすらに人のために役立つことをのみ願うあなたの僕インディアンの祈りを——無意味な文句の繰り返しでなく、真理と叡智と光と理解力と寛容の心を広げる手段(人間)を一人でも多く見出したいとの願いとして——捧げ奉ります」

この祈りのあと、シルバーバーチみずからその内容について次のように説明した。

「この祈りには宇宙についての、地上の人間に理解できるかぎりの理性的かつ合理的説明が含まれております。人類が暗闇の生活を余儀なくさせられているのは、一方にはみずから真理に対して目を閉じたがる者が多く、また一方には既得の特権を死守せんとする者が多いからです。すべての戦争は人間が摂理に背いた生き方をすること——一個の人間、一つの団体、一つの国家が誤った思想から、貪欲から、あるいは権勢欲から、支配欲から、神の摂理を無視した行為に出ることから生じるのです。直接の原因が何であれ、すべては宇宙の霊的法則についての無知に帰着します。すべての者が霊的知識を具えた世界に独裁的支配はあり得ません。一人の人間が一国を支配することが不可能な組織となるからです。すべての者が霊的知識を具えた世界に流血はあり得ません。争いの起こり得ない体制となるからです。

われわれの仕事はその霊的知識を広めることです。真実の意味での伝道者なのです。伝道の意味が今日の世の中では歪められてしまいましたが、真実の意味は真理または知識を広めることです。私たち霊団は今あなた方の世界で仕事をしておりますが、本来は別の世界の者です。あなた方のよりは一歩、二歩、もしかしたら、三歩ほど先を歩んでいるかも知れません。これまで幾つかの大自然の摂理を学んできました。そうして知ったことは、この世に奇跡はなく、神の特別の寵愛者もなく、選ばれし民もなく、唯一の神の子もいないということです。あるのはただ法則のみだということです。

宇宙がいかに巨大にして荘厳であるとは言え、すべてが絶対的法則によって支配されていることを知ったからこそ、こうしてその法則をお教えしようと努力しているわけです。その法則とは、原因にはかならずそれ相当の結果が伴うということです。自分が蒔いたタネは自分で刈り取るということです。所詮はごまかすことができない——なぜなら自分の言動がその性格と成長具合に消そうにも消せない印象を刻み込むからです。こうした真理を土台として真の宗教を築かねばなりません。大主教の宮殿で何を説こうと、大聖堂で何を説こうと、寺院、教会堂、礼拝堂、その他、世界中いかなるところで何を説こうと、それが今のべた単純な基本的真理と矛盾したものであれば、それは誤りです。きわめて簡単な真理なのです。人生を霊的摂理が支配していること、お互いが扶け合うことが一ばん大切であること、それが霊を成長させ、性格を形成し、死後に待ち受ける新しい生活に霊的な備えを与えることになる――ただそれだけなのです。

何も知らない人たちを光明から顔を背けさせ、カビの生えたドグマを信じさせ、今日の世でも受けられる霊的啓示《インスピレーション》を無視させ、遠い薄暗い過去のインスピレーションの残骸に目を向けさせようとする既成組織を私たちが非難するのは、そうした本来私たちと手を取り合うべき人たち、本来宗教を説くべき立場にある人々が私たちの敵の側にまわっているからです。人間として非難するつもりはありません。彼らの多くは彼らなりに正しいと思うことに携わっているのです。真面目な徒であり、困難な状況の中で最善を尽くしております。私たちが非難するのはその組織です。真理を知る可能性がありながら虚偽にしばりつけ、光明を見出すチャンスがありながら暗闇の中に閉じ込めておこうとする組織です。

これ以上簡単な教えが一体どこにあるでしょうか。地上は今まさに大戦の真っ只中にあります。世界中に悲劇と苦悩が満ち、数知れぬ人が慰めを求め、すがるべき杖を探し、神が存在

することわが子の苦しみに無関心ではいられないはずの親が存在するその証を求めておりま
す。牧師のもとへ行っても相も変らず古い教説に少しばかり現代風な味を加えて説くばかりで
す。そしてすぐに〝聖なる書〟を引用します。国によって大小さまざまな体裁をしていても、
中身は同じ古い言葉ばかりです。うんざりするようなお決まりの教説を聞かされるだけです。
霊的実在が存在することを証するものは何一つ持ち合わせていません。

彼らが説く信仰は彼らみずからが心の奥では信じきれなくなっているものです。自分が自信
を持てないでいて、どうして他人に確信が与えられましょう。人類の歩むべき道を自分が知ら
ないでいて、どうして他人に慰安が与えられましょう。いわゆる〝あの世〟についてみずから
疑問符を付けている者が、どうして肉親に先立たれた人たちを慰めてあげられましょう。先の
ことを何も知らない者が、どうして魂の飢えた、心の満たされない、さ迷える人々を導くこと
ができるでしょう。

ところが真理はすぐ目の前にあるのです。求めさえすれば知識の宝、叡智の泉、真理の光が
すぐ身のまわりで待ち受けているのです。宗教が無力なのではないことを彼らは理解していな
いのです。無力なのは宗教の名を借りた漫画なのです。三位一体説が宗教と何の関係があるの
でしょう。無原罪懐胎（聖母マリアはその懐胎の瞬間から原罪を免れていたこと）が宗教と何

の関係があるのでしょう。処女降誕が宗教と何の関係があるのでしょう。贖罪説《しょく》（イエスがすべての罪を背負ってくれるということ）が宗教と何の関係があるのでしょう。こうした説を信じた者は信じない者より少しでも宗教的な人間になるというのでしょうか。

地上の人間は肩書きやラベルや名称を崇めるのがお好きです。が、クリスチャンを名のろうと無神論者を名のろうと、何の違いもありません。大切なのは実生活において何をするかです。仮りにここに宗教など自分には無縁だと言う人がいるとしましょう。神の名を唱えても頭を下げようとしません。しかし性格は正直で、人のためになることを進んで行い、弱い者に味方し、足の不自由な犬が柵を越えるのさえ手助けしてやり、打ちひしがれた人々の身になって考え、困った人を援助しようと心がけます。もう一人は見たところ実に信心深い人です。あらゆる教義、あらゆる教説を受け入れ、信仰上の礼儀作法には口やかましく気を使います。しかし心の奥に慈悲心は無く、生活の中において何ら人のためになることをしません。前者の方が後者よりはるかに宗教的人物と言えます」

――神は完全無欠ですか。

「あなたのおっしゃる神が何を意味するかが問題です。私にとって神々は永遠不変にして全知全能の摂理としての宇宙の大霊です。私はその摂理にいかなる不完全さも欠陥も不備も見つけたことがありません。原因と結果の連鎖関係が完璧です。この複雑を極めた宇宙の生命活動のあらゆる側面において完璧な配慮が行きわたっております。例えば極大から極微までの無数の形と色と組織をもつ生物が存在し、その一つ一つが完全なメカニズムで生命を維持している事実に目を向けていただけば、神の法則の全構図と全組織がいかに包括的かつ完全であるかを認識されるはずです。私にとって神とは法則であり、法則がすなわち神です。ただ、あなた方は不完全な物質の世界に生活しておられるということです。

物質の世界に生きておられる皆さんは、今のところはその物質界すら五つの物的感覚でしか理解できない限られた条件下で限りある精神を通して自我を表現しておられるわけです。物的身体に宿っているかぎりは、その五感がまわりの出来ごとを認識する範囲を決定づけます。それ故あなた方は完全無欠というものを理解すること自体が不可能なのです。五感に束縛されているかぎりは神の存在、言いかえれば神の法則の働きを理解することは不可能です。その限界ゆえに法則の働きが不完全に思えることがあるかも知れませんが、知識と理解力が増し、より深い叡智をもって同じ問題を眺めれば、それまでの捉え方が間違っていたことに気づきはじめます。物質の世界は進化の途上にあります。その過程の一環として時には静かな、時には激動を伴った、さまざまな発展的現象があります。それは地球を形成していくための絶え間ない自然力の作用と反作用の現われです。常に照合と再照合が行われるのです。存在していくための手段として、その二つの作用は欠かせない要素です。それは実に複雑です」

――神は完全だとおっしゃいましたが、われわれ人間が不完全であれば神も不完全ということになりませんか。

「そうではありません。あなた方は完全性を具えた種子を宿しているということです。その完全性を発揮するための完全な表現器官を具えるまでは完全にはなり得ないということです。現在のところではその表現器官がきわめて不完全です。進化して完全な表現器官、すなわち完全な霊体を具えるに至れば完全性を発揮できるようになりますが、それには無限の時を要します」

――ということは神のすべての部分が完全の段階に至るのにも無限の時を要するということで

しょうか。

「違います。神はつねに完全です。ただ現在物質の世界に人間という形態で顕現されている部分の表現が不完全だということです。それが完全な表現を求めて努力しているということです」

――それを譬えて言えば、ある正しい概念があって、それが人によって間違って理解され使用されているようなものでしょうか。

「その通りです。しかし、それも一歩ずつではあっても絶えず理想へ近づいていかねばなりません。完全は存在します。それを私は、あなた方は本当の自分のほんの一かけらほどしか表現していないと申し上げているのです。もしも現在のその身体を通して表現されている一かけらだけであなたを判断したら、きわめて不当な結論しか出てこないでしょう。が、それは本当のあなたの一部分に過ぎません。もっと大きなあなた、もっと大きな意識が存在し、それが今もあなたとつながっているのです。ただそれは、それに相応しい表現器官が与えられないと発揮されないということです」

――お聞きしていると神が一個の存在でなくなっていくように思えます。独立した存在としての神はいるのでしょうか。

「まっ白な豪華な玉座に腰かけた人間の姿をした神はいません。神とは一個の身体を具えた存在ではありません。法則です」

――それに心が具わっているわけですか。（ここでは〝心〟を〝精神〟と置きかえて考えてもよい―訳者）

「心というものは、あなた方のような身体だけに限られたものではありません。法則を通して働いているのです。心を脳味噌と切り離して考えないといけません。意識というものはそのお粗末な脳細胞だけを焦点としているのではありません。意識は脳とは完全に独立した形でも存在します。その小さな脳という器との関連で心の働きを考えるのはやめないといけません。

心はそれ自体で存在します。しかし、それを自覚するには何らかの表現器官が必要です。そのために人間に幾つかの身体が具わっているわけです(※)。身体を具えない状態を想像することは可能であり、その状態でもあなたは厳として存在しますが、あなたを表現する手段がないことになります。(※シルバーバーチは身体のことを bodies という複数形で用いることがあるが、それが幾つあってどういうものであるという細かい説明はしていない。巻末〝解説〟参照―訳者)

神という存在を人間に説明するのはとても困難です。人間には独立した形態を具えた存在としてしか想像できないからです。言語や記号を超越したものを地上の言語で説明しようとするのが、そもそも無理な話です。創造の本質に関わることなのです。神という存在をどこかのある一点に焦点をもつ力であるとは言えません。そんなものではないのです。神とは完全な心――初めも終りもなく、永遠に働き続ける完璧な摂理です。真っ暗だったところへある日突然光が射し込んだというものではありません。生命は円運動です。始まりも終りもありません」

――宇宙のすみずみまで神が存在するのと同じように、われわれ一人一人にも神が宿っているとおっしゃるわけですか。

「私の言う神は、全創造物に顕現されている霊の総体と離れて存在することはできません。残念ながら西洋世界の人は今もって人類の創造をエデンの園（アダムとイブの物語）と似たような概念で想像します。実際はそれとはまったく異なるのです。宇宙の進化は無窮の過去から無窮の未来へ向けて延々と続いております。かつて何も無かったところへ突如として宇宙が出現したのではありません。宇宙はつねにどこかに存在します。生命は何らかの形態でつねに顕現してきました。そしてこれからも何らかの形で永遠に存在し続けます」

――子供には神のことをどう説いて聞かせたらよいでしょうか。

「説く人みずからが全生命の背後で働いている力について明確な認識をもっていれば、それは別に難しいことではありません。私だったら大自然の仕組みの美事な芸術性に目を向けさせます。ダイヤモンドの如き夜空の星の数々に目を向けさせます。太陽のあの強烈な輝き、名月のあの幽玄な輝きに目を向けさせます。あたかも囁きかけるようなそよ風、そしてそれを受けて揺れる松の林に目を向けさせます。さらさらと流れるせせらぎと、怒涛《どとう》の大海原に目を向けさせます。そうした大自然の一つ一つの動きが確固とした目的をもち、法則によって支配されていることを指摘いたします。そして更に人間がこれまで自然界で発見したものはすべて法則の枠内に収まること、自然界の生成発展も法則によって支配され規則されていること、その全体に、人間の想像を絶した広大にして入り組んだ、それでいて調和した一つのパターンがあること、全大宇宙のすみずみに至るまで秩序が行き亘っており、惑星も昆虫も嵐もそよ風も、その他あらゆる生命活動が――いかに現象が複雑をきわめていても――その秩序によって経綸されていることを説いて聞かせます。

そう説いてから私は、その背後の力、すべてを支えているエネルギー、途方もなく大きい宇宙の全パノラマと、人間にはまだ知られていない見えざる世界までも支配している奇《くしび》な力、それを神と呼ぶのだと結びます」

十三章　質問に答える

——愛とは何でしょうか。

「気が合うというだけの友情、趣味が同じということから生まれる友愛から、己れを忘れて人のために尽くそうとする崇高な奉仕的精神に至るまで、愛は数多くの形態を取ります。地上では愛 Love という言葉が誤って用いられております。愛とは言えないものまで愛だ愛だとさかんに用いる人がいます。ある種の本能の満足でしかないものを愛だと錯覚している人もいます。が、私が理解しているかぎりで言えば、愛とは魂の内奥でうごめく霊性の一部で、創造主たる神とのつながりを悟った時におのずから湧き出てくる魂の欲求です。最高の愛には一かけらの利己性もありません。すなわち、その欲求を満たそうとする活動に何一つ自分のためにという要素がありません。それが最高の人間的な愛です。それが人類の啓発を志す人々、困窮する者への救済を志す人々、弱き者への扶助を願う人々、そして人生の喜びを踏みにじる既得権力との闘いを挑む人々の魂を鼓舞してきました。

母国において、あるいは他国へ赴いて、そうした愛他的動機から人類の向上のために、言いかえれば内部に秘めた無限の可能性を悟らせるために尽力する人は、愛を最高の形で表現している人です。その表現形態にもさまざまな段階《ランク》があります。愛の対象に対する働きかけという点では同じであっても、おのずから程度の差があります。最も程度の低い愛、狭隘《きょうあい》で、好意を覚える者だけを庇《かば》い、そして援助し、見知らぬ者には一かけらの哀れみも同情も慈悲も感じない者もいます。しかし宇宙には神の愛が行きわたっております。その愛が天体の運行を定め、その愛が進化を規制し、その愛が恵みを与え、その愛が高級霊の魂を鼓舞し、それまでに成就したもの全部をお預けにして、この冷く薄暗い、魅力に乏しい地上へ戻って人類の救済に当らせているのです」

——自分の思念にはすべて自分が責任を取らねばならないのでしょうか。

「(精神障害などがある場合は別として)一般に正常と見なされている状態においては、自分の言動に全責任を負わねばなりません。これは厳しい試錬です。行為こそが絶対的な重要性をもちます。いかなる立場の人間にも人のために為すべき仕事、自分の霊性を高めるべき好機《チャンス》、霊の成長を促進するための機会が与えられるものです。有徳の人や聖人君子だけが与えられるのではありません。すべての人に与えられ、その好機の活用の仕方、ないしは疎かにした度合に応じて、霊性が強化されたり弱められたりします」

――子供はそちらへ行ってからでも成人していくと聞いておりますが、（霊媒の）子供の背後霊が何年たっても子供のままだったり、十八年も二十年も前に他界した子供がその時のままの姿恰好で出てくるのはなぜでしょうか。

「地上の人間はいつまでも子供っぽい人を変だと見るかと思うと、一方では子供の無邪気さを愛するような口を利きます。しかも、人類のために敢えて幼児の段階に留まる手段を選んでいる霊を変だとおっしゃいます。幼児の方が得をする理由は容易に理解できます。幼児は大人にありがちな障壁がありません。きわめて自然に、いつも新鮮な視点から物事を眺めることができます。大人が抱える問題に悩まされることもないので、通信のチャンネルとして好都合なのです。大人にありがちな寛容性を欠いた先入観や偏見が少ないために仕事がスムーズに運びます。いつも生き生きとして新鮮味をもって仕事に携わり、大人の世界の煩わしさがありません。煩わされないだけ、それだけ霊的交信に必要な繊細なバイブレーションをすぐにキャッチできるのです。

しかし実はその幼児の個性は、大人の霊が仕事のために一時的にまとっている仮の衣服である場合が多いのです。仕事を終えればいつでも高い世界へ戻って、それまでの生活で開発したより大きな意識の糸をたぐり寄せることができます。変だと決めつけてはいけません。こういう霊をトプシー Topsy と言います。こういう形で自分を犠牲にして地上の人々のために働いている神の愛すべき道具なのです。

何年も前に他界した子供がそのままの姿で出現するのは、自分の存続の証拠として確認してもらうためです。身元の確認を問題にされる時に忘れてならないことは、他界した時点での姿や性格やクセをもち、その時の姿のままを見せないとあなた方が承知してくれないということです。そこで霊媒に影像を見せてそれを伝達させます。言わばテレビの画像のようなものです。霊媒が自分の精神のスクリーンに映った映像を見て叙述するわけです。直接談話であれば映像を見せる代りにエクトプラズムで他界当時と同じ発声器官をこしらえます。条件さえうまく整えば、地上時代とそっくりな声が再生できます」

――子供のころから動物に対して残酷なことをして育った場合はそちらでどんな取り扱いを受けるのでしょうか。動物の世話でもさせられるのでしょうか。

「人間の永い歴史を通じて、動物がいかに人間にとって役立ってきたかを教えることによって、地上時代の間違った考えを改めさせないといけません。動物界をあちらこちらへ案内して、本来動物というものが本当に動物を愛し理解する人間と接触するといかに愛らしいものであるかを実際に見せてやります。知識が増すにつれて誤った考えが少しずつ改められていきます。結局は残酷を働いたその影響は、動物だけでなくそれを働いた人間にも表われるものであることを悟ることになります」

——他界する者の大多数が死後の生活の知識を持ち合わせません。他界直後は目まいのような状態にあり、自分が死んだことに気づきません。それは子供の場合も同じでしょうか。それとも本能的に新しい生活に順応していくのでしょうか。

「それはその子供の知識次第です。地上の無知や迷信に汚染されすぎていなければ、本来の霊的資質に基づく自然な理解力によって新たな自覚が生まれます」

——人間が寿命を完《まっと》うせずに〝死ぬ〟ことを神が許されることがあるのでしょうか。

「神の意図は人間がより素晴らしい霊的生活への備えを地上生活において十分に身につけることです。熟さないうちに落ちた果実がまずいのと同じで、割り当てられた地上生活を完うせずに他界した霊は新しい世界への備えが十分ではありません」

――子供が事故で死亡した場合、それは神の意図だったのでしょうか。

「これは難しい問題です。答えとしては〝イエス〟なのですが、ただし書きが必要です。地上生活はすべて摂理によって支配され、その摂理の最高責任者は神です。しかしその摂理は人間を通じて作用します。究極的にはすべて神の責任に帰着しますが、だからといって自分が間違ったことをしでかしておいて、これは神が私にそうさせたのだから私の責任ではないという理屈は通用しません。神がこの宇宙を創造し、叡智によって支配している以上は、最終的には神が全責任を負いますが、あなた方人間にも叡知があります。理性的判断力があります。自分で勝手に鉄道の線路の上に頭を置いておいて神に責任を求めても何にもなりません」

――いわゆる〝神童〟について説明していただけませんか。

「三つの種類があります。一つは過去世の体験をそのまま携えて再生した人。二つ目はたとえ無意識であっても霊媒的素質を具えた人で、霊界の学問や叡智、知識、真理等を直接的にキャッチする人。三つ目は進化の前衛としての、いわゆる天才です」

——〝豚に真珠を与える勿れ〟と言ったイエスの真意は何でしょうか。

「自分では立派な真理だと思っても、受け入れる用意のできていない人に無理やりに押しつけてはいけないということです。拒絶されるから余計なことはするなという意味ではありません。拒絶されることなら、イエスの生活は拒絶の連続でした。そんな意味ではなく、知識、真理、理解を広めようとする努力が軽蔑と侮辱をもって迎えられるような時は、そういう連中は見る目を持たないのだから、美しいものを無理して見せようとせずに身を引きなさいという意味です」

——一身上の問題で指導を仰ぐことは許されるでしょうか。

「それは許されます。ただ、霊的なことに興味はあっても真髄を理解していない人に説明する時は慎重を要します。うっかりすると霊界からの援助を自分のご利益のためだけに不当に利用しているかの印象を与えかねません。スピリチュアリズムの基本は詰まるところ物的な豊かさよりも霊的な豊かさを求めることであり、自分自身と宇宙と神についての実相を理解する上で基本となるべき摂理と実在を知ることとです。むろん物的生活と霊的生活とは互いに融合し調和しております。両者の間にはっきりした一線を画すことはできません。霊的なものが物的世界へ顕現し、物的なものが霊的なものへ制約を与え、条件づけております」

――この世に生きる目的は霊的なものを制約するものを排除し、霊的本性が肉体を通してより多く顕現するようにすることだと私は理解しておりますが……

「その通りです。地上生活の目的はそれに尽きます。そうすることによって自分とは何かを悟っていくことです。自分を単なる肉体であり他の何ものでもないと思い込んでいる人は大きな幻影の中で生活しており、いつかは厳しい実在に目覚める日が来ます。その日は地上生活中に訪れるかも知れないし、こちらへ来てからになるかも知れません。こちらにいるうちの方がはるかに有利です。なぜなら地上には魂の成長と進化と顕現のための条件が全部そろっているからです。人間は地上生活中に身体機能ならびに霊的機能を存分に発揮するように意図されているのです。霊的なことにのみこだわって身体を具えた人間としての義務を怠ることは、身体上のことにばかり目を奪われて霊的存在としての責務を疎かにするのと同じく、間違っております。両者が完全なバランスが取れていなければなりません。その状態で初めて、この世にありながら俗世に染まない生き方ができることになります。つまり身体は神聖を帯びた霊の〝宮〟として大事にし、管理し、手入れをする。すると成長と進化の過程にある霊が身体を通してその成長と進化の機会を与えられる、ということです」

――心霊治療を始めるには治療家自身がまず完全な健康体でなければならないのでしょうか。

「むろん誰しも完全な健康体であるのが望ましいに決まっています。ただし、霊力によって病気を治す人も霊媒と同じく〝道具〟です。つまり自分が受けたものを伝達する機関です。その人を通して霊力が流れるということです。言わば〝通路〟であり、それも内部へ向けてではなくて外部へ向けて送る通路です。その人の資質、才能、能力がその人なりの形で顕現しますが、それが霊界との中継役、つまり霊媒としての資格となり、生命力と賦活力と持久力にあふれた健康エネルギーを地上へもたらす役目が果たせるのです。その際、治療家自身の健康に欠陥があるということ自体は治病能力の障害にはなりません。治病エネルギーは霊的なものであり、欠陥は身体的なものだからです」

――精神統一によって心の静寂、内的生命との調和を得ることは健康の維持に役立つでしょうか。

「自然法則と調和した生活を送り、精神と身体との関係を乱すような（摂理に違反した）行為をしなければ、すべての病気に効果があるでしょう。あるいは遺伝的疾患のない健全な身体をもって生まれておれば効果があるでしょう。内部に秘められた〝健康の泉〟の活用法を知れば、すべての病気を駆逐することができることは確かです。しかし、現実には地上に病気が蔓《まん》延《えん》している以上、事はひじょうに厄介《やっかい》です。限界があるということです。たとえば〝死ぬ〟ということは誰も避けられません。身体は用事が終れば捨てられるのが自然法則だからです。ところが困ったことに、あまりに多くの人間が内部の霊性が十分に準備ができていないうちに、つまり熟しきらないうちに肉体を捨てています。魂の鍛錬にとって必要な体験を十分に積んでいないのです。私は法則を有りのままに述べているまでです。人間にとってそれを実践するのが容易でないことは私も承知しております。何しろ地上というところは物質が精神を支配している世界であり、精神が物質を支配していないからです。本当は精神が上であり、霊がその王様です。しかしその王国も人間の行為の上に成り立っています」

――心の静寂が得られると肉体器官にどういう影響が現われるのでしょうか。

「それ本来の有るべき姿、つまり王たる霊の支配下に置かれます。すると全身に行きわたっている精神がその入り組んだ身体機能をコントロールします。それはその根源において生命を創造し身体を形づくった霊の指令に従って行われます。霊はその時のあなたの身体の構成要素のあらゆる分子に対して優位を占めています。それが出来るようになれば完全な調和状態――あらゆる部分が他と調和し、あらゆるリズムが整い、あなたは真の自我と一体となります。不協和音もなく衝突もありません。静寂そのものです。なぜなら、霊が宇宙の大霊と一体となっているからです」

——あなたはなぜそんなに英語がお上手なのでしょう。

「あなた方西洋人は時おり妙な態度をお取りになりますね。自分たちの言語がしゃべれることを人間的評価の一つとなさいますが、英語が上手だからといって別に霊格が高いことにはなりません。たどたどしい言葉でしゃべる人の方がはるかに霊格が高いことだってあります。私はあなた方の言語、あなた方の習性、あなた方の慣習を永い年月をかけて勉強しました。それは私たちの世界ではごく当り前の生活原理である〝協調〟の一環です。言わば互譲精神《ギブアンドテイク》を実践したまでです。

つまりあなた方の世界を援助したいと望む以上はそれなりの手段を講じなくてはならない。その手段の中には人間にとって最高の努力を要求するものがある一方、私たちにとって嫌悪感を禁じ得ないほどの、神の子としてぎりぎりの最低線まで下がらなくてはならないこともあります。私はこうして英語国民を相手にしゃべらねばなりませんので、何年もかけて困難を克服しなければなりませんでした。あなた方から援助もいただいております。同時に、かつて地上で大人物として仰がれた人々の援助も受けております。今でも言語的表現の美しさと簡潔さで歴史にその名を残している人々が数多く援助してくれております」（平易な文章の中に高等な思想を盛り込む技術はシルバーバーチ一人の才能から出ているのではなく、英米文学史上のかつての名文家が協力していることが窺える——訳者）

——心に念じたことは全部その霊に通じるのでしょうか。

「そんなことはありません。その霊と波長が合うか合わないかによります。合えば通じます。バイブレーションの問題です。私と皆さん方とは波長がよく合います。ですから、皆さんの要求されることが全部受け取れます。何か要求ごとをされると、そこにバイブレーションが生じ、その〝波〟が私に伝わります。それを受ける受信装置が私に具わっているからです。地上と霊界の間でも、魂に共感関係があれば思念や要求のすべてがすぐさま伝わります」

——われわれが死ぬ前と後には霊界の医師が面倒をみてくれるのでしょうか。

「みてくれます。霊体をスムーズに肉体から引き離し、新しい生活に備える必要があるからです。臨終の床にいる人がよく肉親の霊や知らない人が側にいるのに気づくのはそのためです。魂が肉体から脱け出るのを手助けしているのです」

――昨今のような酷い地上の状態では（何回も再生を繰り返した霊でなく）まったく新しい霊が誕生する方がよいのではないでしょうか。

「私たちは人間一人ひとりは果たすべき責任をもって生まれていると説いております。たとえ今は世界が混沌と心配と喧騒に満ち、敵意と反抗心と憎しみに満ちていても、そうした苦闘と悲劇を耐え忍ぶことの中から新しい世界の誕生が待ち受けております。そのためにはその旗手となるべき人々がいなくてはなりません。その人たちの先導によって真一文字に突き進まねばなりません。

霊は苦闘の中で、困難の中で、刻苦の中でみずからを磨かねばなりません。平坦な道でなく、困難を克服しつつ前進し、そして勝利を手にしなくてはなりません。恐怖心がいちばんの敵です。無知という名の暗黒から生まれるものだからです」

十四章　シルバーバーチの祈り

（付）祈りに関する一問一答

ああ神よ、あなたは大宇宙を創造し給いし無限の知性に御《おわ》します。間断なき日々の出来ごとの全パノラマを統御し規制し給う摂理に御《おわ》します。全存在を支える力に御します。物質的形態に生命を賦与し、人間を動物界より引き上げて、いま所有せるところの意識を持つに至らせ給いました。

私たち（霊団の者）はあなたという存在を絶対的法則――不変にして不可変、そして全能なる摂理として説いております。あなたの摂理の枠を超えて何事も起こり得ないからでございます。宇宙の全存在はその摂理の絶対的不易性に静かなる敬意を表しております。あなたの霊的領域においてより大きな体験を積ませていただいた私たちは、あなたの御力によって支配されている全生命活動の完璧さに対する賞讃の念を倍加することになりました。

私たちは今、そのあなたの仔細をきわめた摂理の一端でも知らしめんとしている者でございます。それを理解することによって、あなたの子等があなたがふんだんに用意されている生命の喜びを味わうことが出来るようにと願うゆえに他なりませぬ。

私たちは又、無知という名の暗闇から生まれる人間の恐怖心を追い払い、生命の大機構における〝死〟の占める位置を理解せしめ、自分の可能性を自覚させることによって、霊的本性の根源である無限の霊としての自我に目覚めさせんものと願っております。それは同時に彼らとあなたとのつながり、そして彼ら同士のつながりの霊的同質性を理解させることでもございます。

あなたの霊が地球全体をくるんでおります。あなたの神性という糸が全存在を結びつけております。地上に生きている者はすべて、誰であろうと、いかなる人間であろうと、どこに居ようと、絶対に朽ちることのない霊的なつながりによってあなたと結ばれております。故に、あなたと子等との間を取りもつべき人物などは必要でないのでございます。生まれながらにしてあなたからの遺産を受け継いでいるが故に、あなたの用意された無限の叡智と愛と知識と真理の宝庫に、誰でも自由に出入りすることが許されるのでございます。

私たちの仕事は人間の内奥に宿された霊を賦活し、その霊性を存分に発揮せしめることによって、あなたが意図された通りの人生を生きられるように導くことでございます。かくして人間はいま置かれている地上での宿命を完うすることでしょう。かくして人間は霊的存在としての義務を果たすことになることでしょう。かくして人間は戦いに傷ついた世の中を癒し、愛と善意を行きわたらせる仕事に勤しむことでしょう。かくして人間はあなたの真の姿を遮ってきた暗闇に永遠に訣別し、理解力の光の中で生きることになることでしょう。

ここに、あなたの僕《しもべ》インディアンの祈りを捧げ奉ります。

――〝祈り〟に関する一問一答――（前巻および本書の中に断片的に出ていたものをここにまとめて紹介する―訳者）

――霊界側は祈りをどうみておられるのでしょうか。

「祈りとは何かを理解するにはその目的をはっきりさせなければなりません。ただ単に願いごとを口にしたり決まり文句を繰り返すだけでは何の効果もありません。テープを再生するみたいに陳腐な言葉を大気中に放送しても耳を傾ける人はいませんし、訴える力をもった波動を起こすことも出来ません。私たちは型にはまった文句には興味はありません。その文句に誠意が込もっておらず、それを口にする人みずから、内容には無頓着であるのが普通です。永いあいだそれをロボットのように繰り返してきているからです。真の祈りにはそれなりの効用があることは事実です。しかしいかなる精神的行為も、身をもって果たさねばならない地上的労苦の代用とはなり得ません。

祈りは自分の義務を避けたいと思う臆病者の避難場所ではありません。人間として為すべき仕事の代用とはなりません。責務を逃れる手段ではありません。いかなる祈りにもその力はありませんし、絶対的な因果的連鎖関係を寸毫も変えることはできません。人のためにという動機、自己の責任と義務を自覚した時に油然《ゆうぜん》として湧き出るもの以外の祈りをすべて無視されるがよろしい。そのあとに残るのが心霊的《サイキック》ないし霊的《スピリチュアル》行為であるが故に自動的に反応の返ってくる祈りです。その反応はかならずしも当人の期待した通りのものではありません。その祈りの行為によって生じたバイブレーションが生み出す自然な結果です。

あなた方を悩ます全ての問題と困難に対して正直に、正々堂々と真正面から取りくんだ時――解決のためにありたけの能力を駆使して、しかも力が及ばないと悟った時、その時こそあなたは何らかの力、自分より大きな力をもつ霊に対して問題解決のための光を求めて祈る完全な権利があると言えましょう。そしてきっとその導き、その光を手にされるはずです。なぜなら、あなたのまわりにいる者、霊的な目をもって洞察する霊は、あなたの魂の状態を有りのままに見抜く力があるからです。たとえばあなたが本当に正直であるか否かは一目瞭然です。

さて、その種の祈りとは別に、宇宙の霊的生命とのより完全な調和を求めるための祈りもあります。つまり肉体に宿るが故の宿命的な障壁を克服して本来の自我を見出したいと望む魂の祈りです。これは必ず叶えられます。なぜならその魂の行為そのものがそれに相応しい当然の結果を招来するからです。このように、一口に祈りといっても、その内容を見分けた上で語る必要があります。

ところで、いわゆる〝主の祈り〟(天にましますわれらが父よ、で始まる祈禱文。マタイ6・9〜13、ルカ11・2〜4—訳者)のことですが、あのような型にはまった祈りは人類にとって何の益ももたらさないことを断言します。単なる形式的行為は、その起原においては宿っていたかも知れない潜在的な力まで奪ってしまいます。儀式の一環としては便利かも知れません。しかし人間にとっては何の益もありません。そもそも神とは法則なのです。自分で解決できる程度の要求で神の御手を煩わすことはありません。それに、ナザレのイエスがそれを口にした(とされる)時代から二千年近くも過ぎました。その間に人類も成長し進化し、人生について多くのことを悟っております。イエスは決してあの文句のとおりを述べたわけではありませんが、いずれにしても当時のユダヤ人に分りやすい言葉で述べたことは事実です。

今のあなた方には父なる神が天にましますものでないことくらいはお判りになるでしょう。完全な摂理である以上、神は全宇宙、全生命に宿っているものだからです。この宇宙のどこを探しても完璧な法則が働いていない場所は一つとしてありません。神は地獄のドン底だけにいるものではないように、天国の一ばん高い所にだけ鎮座ましますものでもありません。大霊として宇宙全体に普遍的に存在し、宇宙の生命活動の一つひとつとなって顕現しております。

〝御国の来まさんことを〟などと祈る必要はありません。地上天国の時代はいつかは来ます。かならず来るのです。しかしそれがいつ来るかは霊の世界と協力して働いている人たち、一日も早く招来したいと願っている人たちの努力いかんに掛かっております。そういう時代が来ることは間違いないのです。しかしそれを速めるか遅らせるかは、あなた方人間の努力いかんに掛かっているということです」（このあと関連質問が出る―訳者）

――モーゼの〝十戒〟をどう思われますか。

「もう時代遅れです。今の時代には別の戒めが必要です。

人間の永い歴史のいつの時代に述べられたものであっても、それをもって神の啓示の最後と思ってはいけません。啓示というものは連続的かつ進歩的なものであり、その時代の人間の理解力の程度に応じたものが授けられております。理解力が及ばないほど高級すぎてもいけませんが、理解力の及ぶ範囲が一歩先んじたものでなければなりません。霊界から授けられる叡智はいつも一歩時代を先んじております。そして人間がその段階まで到達すれば、次の段階の叡智を受け入れる準備が出来たことになります。人類がまだ幼児の段階にあった時代に特殊な民族のために授けられたものを、何故に当時とは何もかも事情の異なる今の時代に当てはめなければならないのでしょう。もっとも私には〝十戒〟ならぬ〝一戒〟しか持ち合わせません。〝お互いがお互いのために尽くし合うべし〟――これだけです」

続いて好天や雨乞いの儀式が話題になった。

――悪天候を急に晴天にするには神はどんなことをなさるのでしょうか。

「急きょ人間が大勢集まって祈ったからといって、神がどうされるということはありません。神は神であるが故に、大聖堂や教会においてそういう祈りが行われている事実を知らされる以前から、人間が必要とするものについては全てを知り尽くしております。

祈りというものは大勢集まって紋切り型の祈禱文や特別に工夫をこらした文句を口にすることではありません。祈りは自然法則の働きを変えることはできません。原因と結果の法則に干渉することはできません。ある原因に対して寸分の狂いもない結果が生まれるという因果律を変える力は誰にもありません。

祈りは魂の活動としての価値があります。すなわち自己の限界を悟り、同時に（逆説的になりますが）内部の無限の可能性を自覚し、それを引き出してより大きな行為へ向けて自分を駆り立てる行為です。魂の必死の活動としての祈りは、魂が地上的束縛から脱してより大きな表現を求める手段であると言えます。そうすることによって高級界からの働きかけに対する受容力を高め、結局は自分の祈りに対して自分がその受け皿となる――つまり、より多くのインスピレーションを受けるに相応しい状態に高めるということになります。

私は祈りを以上のように理解しております。大自然の営みを変えようとして大勢で祈ってみても何の効果もありません」

――キリスト教では悪天候を世の中の邪悪性のしるしと見なしていますが…

「私は世の中が邪悪であるとは思いません。罪悪への罰として神が雨を降らせるとは思いません。自然現象は人間の生活とはそんな具合にはつながっておりません。第一、三か月前と一週間前とで世の中の邪悪性に差があるわけではないでしょう。

それは相も変らず、依怙《えこ》ひいきと復讐心と怒りを抱く人間神の概念の域を出ておりません。

神とは生命の大霊です。この大宇宙の存在を支えている力は、人間が集団で祈ったところでどうなるものでもありません。人間にできることはその大宇宙の摂理がどうなっているかを発見し、それに自分を調和させ、できるだけ多くの人間ができるだけ多くの恩恵を受けられるような社会体制を作ることです。そうなった時こそ生命の大霊が目覚めた人間を通じて顕現されていることになります。私はそういう風に考えております」（さきに出た〝地上天国〟とはこのこと—訳者）

——人類にもいつかはそういう時代が来ると思われますか。

「程度問題ですが、来ることは来ます。しかしそれも、そう努力すればの話です。人類は、宇宙の摂理を福利のために活用できるようになるためには、まず自己の霊性に目覚めなくてはなりません。宇宙には常に因果応報の摂理が働いております。どんなに進化しても、これ以上克服すべきものが無くなったという段階は決してまいりません。

知識を獲得することによっていかなる恩恵を受けても、それには必ずもう一つ別の要素が付いてまわります——知識に伴う責任の問題です。その責任はその人の人格によって程度が定まり、同時に人格の方も知識によって程度が定まります。かくして知識が広まるとともに人格も成長し、人生が豊かさと気高さを増し、生きるよろこびと楽しさを味わう人が多くなります。

いま皆さんの脳裏に原子の発見のことがあるようですが、人間がこれで全てを知りつくしたと思っても、その先はまだまだ未知の要素があります。これから先も、人間が生命そのものをコントロールできるような立場には絶対になれません。ますます宇宙の秘密を知り、ますます大きなエネルギーを扱うようになることでしょう。しかしその大きさに伴って責任も自覚していかないと、そのエネルギーの使用を誤り、自然を破壊し、進化が止まってしまうということも考えられないことはありません。が、実際にはそういう事態にはまずならないでしょう。進化は螺旋形《らせんけい》を画きながら広がっていきます。時には上昇し時には下降することもありますが、ぐるぐると円を画きながら、どんどん、どんどん広がりつつ進化しております」

——霊界では雨乞いのような祈りは問題にしないということでしょうか。

「しません。たとえ誠心誠意のものでも、何の効果もありません。法則は変えられないのです。自然現象をいろんな予兆と結びつける人がいますが、あれはすべて迷信です。私たちが訴えるのは知識であり理性です」

――医師と看護婦に力を貸すための祈りが多くのスピリチュアリスト教会で行われておりますが、いっそのことその医師や看護婦が心霊治療家になれるよう祈る方が賢明ではないかと思うのですが……

「その方がずっと賢明でしょうが、そう祈ったから必ずそうなるというものではありません。地上世界には祈りについて大きな誤解があります。いかに謙虚な気持からであっても、人間からみてこうあるべきだと思うことを神に訴えるのが祈りではありません。

神は全知全能ですから、医師その他が霊力についての知識をもつことが好ましいことくらいは知っております。それを祈りによって神に訴えたところで、それだけで医師や看護婦が心霊治療家に早変りするものではありません。

祈りとは魂の行《ぎょう》です。より大きな自我を発見し、物的束縛から脱して、本来一体となっているべき高級エネルギーとの一体を求めるための手段です。

ですから、真の祈りとは魂が生気を取り戻し、力を増幅するための手段、言い変えれば、より多くのインスピレーションと霊的エネルギーを摂取するための手段であると言えます。それによって神の意志との調和が深められるべきものです。自己を内観することによってそこに神の認識を誤らせている不完全さと欠陥を見出し、それを是正して少しでも完全に近づき、神性を宿す存在により相応しい生き方をしようと決意を新たにするための行為です」

――それが出来ないときはどうしたらよいのでしょう。

「どうしても出来ないと観念された方は祈らないい方がよろしい。祈りとは精神と霊の〝行〟です。それを通じて宇宙の大霊との一体を求める行為です。もしそれが祈りによって成就できないとき、いくら祈ってもうまく行かない時は、それはその方が祈りによってそれを求めるのが適さない方であることを意味しています。祈りは行為に先行するものです。つまり、より大きい生命との直結を求め、それが当人の存在を溢れんばかりに満たし、宇宙の大意識と一体となり、その結果として霊的強化と防備を得て奉仕への態勢固めをすることです。これが私が理解しているところの祈りです」

訳者注――シルバーバーチは〝祈らない方がよい〟と述べて、その具体的な理由は述べていないが、筆者の師である間部詮敦氏はシルバーバーチとまったく同じことを述べて、その理由を〝そうした不安定な状態で精神統一を続けていると邪霊に憑《つ》かれやすいから〟と言われた。そして具体的に精神統一の時間を十五分ないし三十分程度とし、それ以上は続けない方がよいと言われた。

これに筆者の私見を加えさせていただけば、人間はそれぞれの仕事に熱中している状態がもっとも精神が統一されており、それが祈りと同じ効果をもたらすものと信じている。宇宙の大霊との合体を求めての祈りなどを言われても、普通一般の日常生活においてそれを求めること自体が無理であり、無用でもあろう。大体そうしたものは求めようとして求められるものでなく、生涯に一度あるかないかの特殊な体験――絶体絶命の窮地において、守護霊その他の配慮のもとに〝演出〟されるものであると筆者は考えている。

それを敢えて求めようとするのは、霊的法則をよくよく理解している人は別として、きわめて危険ですらある。と言うのは、神人合一といわれる境地にもピンからキリまであり、シルバーバーチも〝高僧が割然大悟したといっても高級界からみれば煤《すす》けたガラス越しに見た程度にすぎない〟と言っているほどである。ところが本人はそうは思わない。煤けたガラス越しにでも実在を見たのならまだしも、単なる自己暗示、潜在意識の反映にすぎないものをもって〝悟り〟と錯覚し、大変な霊覚者になったような気分になっていく。そこが怖いのである。

地上の人間はあくまで地上の人間らしく、五感を正しく使って生活するのが本来の生き方であって、霊的なことは必要なときに必要なものを体験させてくれるものと信じて平凡に徹することである、というのが筆者の基本的生活態度である。シルバーバーチが祈りについて高等なことを述べたのは質問されたからであり、だから〝出来ないと観念した人は祈らない方がよい〟と言うことにもなった。

シルバーバーチ霊は三千年も前に地上を去り、すでに煩悩の世界を超脱した、日本流に言えば八百万の神々の一柱とも言うべき高級霊であることを忘れてはならない。

解説　霊界の区分けと名称について

――訳者

本シリーズをお読みくださっている方は、私が死後の世界を〝霊界〟又は〝霊の世界〟という用語で通していることにお気づきと思う。時に上層界とか高級界、あるいは下層界、低級界といった大ざっぱな言い方をすることもあるが、他の霊界通信に見られるような幽界とか神界、精霊界、地獄といった特定の用語は用いていない。これはシルバーバーチ自身が意図的にそうしており、私もその意図を佳しとして忠実に従っているからに他ならない。

その意図とは何か。それは前巻の解説でも触れたように、今は難解な理屈を捏ねまわしている時ではない――最も基本的な霊的真理を説くことこそ急務であるという認識のもとに、誰もが知っておくべき真理を誰にでも分る形で説くということである。

その具体的な例が〝死後の世界〟ないし〝霊の世界〟の存在という簡単な事実である。人類は太古よりいずこの民族でも〝死んでもどこかで生き続けている〟という漠然とした信仰を抱いてきた。本来が霊的存在であることが分ってみればそれは当然のことと言えるが、従来はそれが〝信仰〟という形で捉えられ、しかも地上での生身の生活が実在で、死後の世界は形体も実質もない世界であるかのように想像したり、地獄や極楽、天国といった人間の恐怖心や願望から生まれるものをそれに当てはめていたが、所詮はそう思う、そう信じるといった程度のものに過ぎなかった。

それが十九世記半ばに至って、各種の超常的現象、いわゆる心霊現象が五感で確認できる形で実験・観察できるようになり、それによって〝霊〟の存在が信仰から事実へと変り、その〝霊〟からのメッセージによって死後の世界の真相が次から次へと明かされていった。

その代表的なものを挙げれば、モーゼスの『霊訓』、オーエンの『ベールの彼方の生活』、マイヤースの『永遠の大道』並びに『個人的存在の彼方』、カルデックの『霊の書』、そしてこの『シルバーバーチの霊訓』等々があり、その他にも地味ながら立派なものが豊富に存在する。

その一つひとつに他に見られない特徴があり、従ってどれが一ばん良いとか悪いとかのランク付けはできないし、又すべきことでもないが、その中には死後の世界の段階的区分けに力を入れているものが幾つかある。中でもマイヤースがいちばん詳しく、七つに分類しておのおのに名称まで付けている。同じく七つに分けているものに『霊訓』のイムペレーターがいるが、それをマイヤースの七つの界と同じと考えてはならない。と言うのはイムペーレーターは宇宙を大きく三層に分け、それぞれの層に七つずつ界があり、最下層の最高界が地上界で、中間層に七つの〝動〟の世界があり、そのあとに至福の七つの〝静〟の世界がある、とだけ述べて、各界の特徴については何も述べてはいない。また〝静〟の世界の内面については何も知らない、つまり究極の実在界の真相は知らないと言う。

その点はオーエンを通じて通信を送ってきている守護霊のザブディエルも同じで、自分は第十界の者であると言い、第十一界との境界でザブディエル自身の守護霊と面会した話が出ている（第二巻）が、それから先はどうなっているのか、何界あるのか、見当もつかないと述べている。

究極のことは何も知らない、と正直に告白するのは筆者がこれまで翻訳・紹介してきた通信のすべてに共通した特徴で、筆者は、そう告白できるか否かがその霊の霊格の高さを占うものさしになるとさえ思っている。

さて、日本人にとって一ばん馴染みやすいのは四界説であろう。これは日本の古代思想である惟神《かんながら》の道の考えに四魂説があるところから来ているのではないかと筆者は考える。つまり人間には荒魂《あらみたま》、和魂《にぎみたま》、幸魂《さきみたま》、奇魂《くしみたま》の四つの身体があり、それを一つの霊が使用しているというのであるが、身体——霊が顕現するための媒体が四つある以上は、その身体で生活する世界も四つある（その一つが物質界）というのはきわめて自然な発想であり、確かに西洋でもそれを裏づける通信がいくつか出ている。そして浅野和三郎がこれを現界、幽界、霊界、神界と呼んだのは、日本人の心情に照らしてもスピリチュアリズムの光に照らしても、けだし当を得た説であると思う。

ただ問題はその理解の仕方である。これは霊の使用する媒体を中心に考えた分類法であって、霊そのものは決してそのうちのどれか一つに固定されているわけではない点をよく理解しなければならない。つまり身体は現界にあっても霊の意識の焦点は幽界にある人、霊界にある人、神界にある人等々の区別があり、睡眠中もその世界に出入りし、死後も一気にその界へ赴く。『霊訓』の続編である『続霊訓』の中でイムペレーターが霊言で語っているところによると、イエスは在世中、一人でいる時はいつも肉体を離れ（幽体離脱現象）、一度も物質界に降りたことのない天使――日本流に言えば自然霊――の一団と交わっていたという。

これで判《わか》る通り、媒体を基準にした分類法とは別に、霊格を基準にした分類法もあり得るわけで、霊界通信の分類の仕方がまちまちである原因も、その基準の置きどころの違いにあるわけである。霊の言うことが矛盾していることを理由にその信憑性を疑う人がいるが、これは短絡的すぎる。

さてシルバーバーチが死後の世界のことを〝霊界〟the Spirit World と言ったり〝霊の世界〟the World of Spirit と言ったりするだけで、それ以上に細かい分類をしないのは決して段階的界層がないことを主張しているからではない。その証拠に（また英語の解説になって恐縮であるが）a Spirit World と言ったり a World of Spirit と言ったりすることがあるからである。前回の解説でも述べた通り、the を冠している時は普遍的な意味に用い、a を冠している時は個々の界の一つを指している。言いかえれば界が複数あるということを示唆しているわけである。

ではなぜ個々の界を分類的に説明しないのか。これに対する回答も前回と同じく、そんな理屈っぽい知識は霊性の向上にとって何の益にもならない、人類にとって急務でもないということに尽きるようである。

筆者もこの考え方に全面的に賛成である。誤解されそうな箇所では注釈を入れることはあっても、全体的には一貫して〝霊界〟で通している。霊の世界という意味である。

むろん死後の世界の段階的分類が面白いテーマであることを否定するわけではない。私なりの見解も持っているが、少なくともシルバーバーチを翻訳・紹介していく上では、そういう理屈っぽい問題に深入りしないように気を配っている。どうしてもという方は拙訳の『スピリチュアリズムの真髄』（ジョン・レナード著・国書刊行会）を参考にしていただきたい。〝死後の世界〟と〝死後の生活〟とに分けて、そのテーマに関する数々の霊界通信からの抜粋が豊富に紹介されていて興味ぶかい上に、レナード自身の解説にも説得力がある。

近藤　千雄

シルバーバーチの霊訓

(3)

――新装版――

近藤千雄(こんどう・かずお)

昭和10年生まれ。18歳の時にスピリチュアリズムとの出会いがあり，明治学院大学英文科在学中から今日に至るまで英米の原典の研究と翻訳に従事。1981年・1984年英国を訪問，著名霊媒，心霊治療家に会って親交を深める。主な訳書―M.バーバネル『これが心霊の世界だ』『霊力を呼ぶ本』，M.H.テスター『背後霊の不思議』『私は霊力の証を見た』，シルバー・バーチ霊訓『古代霊は語る』，アルフレッド・ウォーレス『心霊と進化と―奇跡と近代スピリチュアリズム』，G.V.オーエン『霊界通信・ベールの彼方の生活』(以上潮文社刊)，S.モーゼス『霊訓』，J.レナード『スピリチュアリズムの真髄』，H.エドワーズ『ジャック・ウェバーの霊現象』(以上国書刊行会刊)

平成16年7月10日第1刷発行 ©
平成23年9月15日第7刷発行

編者 H・S・ホームサークル

訳者 近藤千雄

発行者 小島米雄

印刷所 市川印刷

発行所 〒162-0843 東京都新宿区市谷田町2-31 電話東京(3267)7181(代表) 振替 00140-7-69107 株式会社 潮文社

落丁本・乱丁本はおとりかえします (越後堂製本)

ISBN 4―8063―1384―X

時代と共に時代を超えて

●浅野和三郎著訳集

大正から昭和の初期にかけて、わが国における心霊研究の草分け的存在として大きな足跡を残した英文学者浅野和三郎の著訳集。本文復刻版全六巻。

①永遠の大道　G・カミンズ　浅野和三郎訳
付・個人的存在の彼方　人はどこから来て、どこに行くのか——人間存在の彼方に広がる永遠の謎に迫るF・マイヤースからの霊界通信。
1500円

②死後の世界　J・S・M・ワード　浅野和三郎訳
英国の優れた知識人霊能者による霊界通信である。かつて地上に実在した人物との生々しい交流がこの本の真実性を裏づけている。

2200円

③霊　訓　W・S・モーゼス　浅野和三郎訳
付・ステッドの通信　古代霊パワーの霊言　常識を超え、科学を超えて厳存する世界——心霊への目覚めは人間に新しい世紀を開く進化の大道。
1300円

④霊界通信　小桜姫物語　浅野和三郎
多慶子夫人を通じて守護霊小桜姫が語った霊界の種種相。わが国における記念碑的な霊界通信。

1700円

⑤霊界通信　新樹の通信　浅野和三郎
若くして急逝した令息新樹氏—幽明を距てた子から父へ、母親の口を借りて交々語る霊界物語。

1300円

⑥心霊講座　浅野和三郎
生とは、死とは、そして人間とは——心霊開眼は壮大な宇宙の中の第二の自己の発見である。

3000円